BLUEBERRY

Todesmission in Georgia

Text: Jean-Michel Charlier/ Zeichnung: Colin Wilson

Carlsen Verlag

CARLSEN COMICS
Lektorat: Andreas C. Knigge
1. Auflage Mai 1991

Aus dem Französischen von Peter Daibenzeiher
LE RAID INFERNAL

Lettering: Michael Hau
Druck und buchbinderische Verarbeitung:
Aarhuus Stiftsbogtrykkerie (Aarhus/Dänemark)

ISBN 3-551-71933-0
Printed in Denmark

EINES ABENDS BEI EINEM VORPOSTEN DER NORDSTAATEN-ARMEE UNTER GENERAL MITCHELL AN DER GRENZE VON TENNESSEE...
LIEUTENANT! DA UNTEN! DA TREIBT SICH JEMAND HERUM!
HALT! HALT, ODER WIR SCHIESSEN!... SERGEANT! SCHNEIDEN SIE IHM DEN RÜCKZUG AB!
1A.
YANKEES! GOTT SEI DANK!... NICHT SCHIESSEN! ICH GEHÖRE ZU EUCH!
HE?! SIND SIE VERLETZT?
ICH WURDE ANGESCHOSSEN, ALS ICH DIE LINIEN DER SÜDSTAATEN DURCHBRACH! ICH BIN AGENT VON NAT PINKERTON! (1)
!!!
(1) CHEF EINES SPIONAGE-TRUPPS DER UNIONSTRUPPEN
ICH MUSS SOFORT DEN GENERAL SPRECHEN, DER DIE ARMEE IN TENNESSEE KOMMANDIERT!... ES IST WICHTIG! HÖREN SIE?!
HMMM...
NA GUT! ICH HOFFE FÜR SIE, DASS SIE DIE WAHRHEIT SAGEN!
CORPORAL! LASSEN SIE DEN MANN AUFSITZEN! WIR BRINGEN IHN ZUM GENERAL!
1B.

HELL ! SIE SIND JA VÖLLIG FERTIG ! SIE BRAUCHEN EINEN ARZT !
SPÄTER !... DAS HAT ZEIT !... ÜBRIGENS, ICH HEISSE KEN DAVIS !
ANGENEHM...
EINE STUNDE SPÄTER IM HAUPTQUARTIER VON GENERAL MITCHELL...
SIE HABEN EINE MENGE RISKIERT, DAVIS !
...ES WAR NÖTIG, SIR, DENN IN DEN NÄCHSTEN TAGEN WIRD EINE KATASTROPHE ÜBER SIE UND IHRE ARMEE HEREIN-BRECHEN !
DIE SÜDSTAATLER BEREITEN EINEN ANGRIFF VOR !
WAS ?... ABER MEINE PATROUILLEN HABEN NICHTS GEMELDET !
DAS KONNTEN SIE AUCH NICHT, GENERAL ! DIE REBS (1) SAMMELN SICH WEIT HINTER IHREN EIGENEN LINIEN, ZWISCHEN ADAIRSVILLE UND KINGSTON, AN DER EISENBAHNLINIE VON ATLANTA NACH NASHVILLE !
!!!
(1) REBELLEN: SOLDATEN DER SÜD-STAATEN.
GENERAL LANVILLE LANDBETTER, DER SIE KOMMANDIERT, KANN DIE OFFENSIVE JEDERZEIT ERÖFFNEN !
BLOODY HELL !
KEINE MEINER TRUPPEN IST VOLLSTÄNDIG !... WIE IST DAS VERHÄLTNIS ZWISCHEN DEN KONFÖDERIERTEN UND UNS ?
HMM... SIE HABEN ES ETWA MIT ZEHN ZU EINS ZU TUN, SIR !
UND WIR KÖNNEN NICHT MIT VERSTÄRKUNG RECHNEN !
COLIN WILSON 88

WIR HABEN KEINE ANDERE WAHL, ALS IHREN ANGRIFF ABZUWARTEN! SIE WERDEN UNS ÜBERRENNEN! HAT JEMAND EINE IDEE?
NEIN, SIR, KEINE!
HMMM... ES SEI DENN... NEIN! NICHT ZU MACHEN! DAS WÄRE WAHNSINN!
IN UNSERER LAGE IST DAS EGAL! RAUS DAMIT!
UM DIESEN ANGRIFF ZU FÜHREN, BRAUCHEN DIE REBS GEWALTIGE VORRÄTE AN PULVER UND MUNITION!
?!
SIE MÜSSEN IRGENDWO ZWISCHEN ALADOMA UND KINGSTON EIN RIESIGES LAGER HABEN... IN DER NÄHE DER EISENBAHN, DAMIT DER NACHSCHUB GARANTIERT IST!
NASHVILLE (150 KM)
TENNESSEE
CHATTANOOGA
GRENZE ZWISCHEN TENNESSEE UND GEORGIA
GEORGIA
50 KM
EISEN-BAHN
DALTON
RESECA
CALMOLA
OOSTAMAUIA-RIVER
30 KM
ADAIRSVILLE
12 KM
CLEMENTI
KINGSTON
ROME
CARTERVILLE
40 KM
ALADOMA
BIG SHANTY
MARIETTA
20 KM
ATLANTA
GEBIETS-KARTE
SEIT WOCHEN IST DIESES GEBIET GESPERRT! DA KOMMT KEINER DURCH, AUSSER DEN TRECKS, DIE NACH ATLANTA WOLLEN!
JA UND...?
WENN WIR DAS LAGER UND DIE SCHIENEN, AUF DENEN IHR NACHSCHUB ANROLLT, ZERSTÖREN, KÖNNEN SIE DEN ANGRIFF UNMÖGLICH WAGEN!
SICHER, WIR WÜRDEN SIE MITTEN IN IHREN VORBEREITUNGEN ÜBERRASCHEN! ABER WIR SIND ZU WENIGE FÜR EINEN GEGEN-ANGRIFF!

NUR EIN VON EINIGEN WENIGEN MÄNNERN GEFÜHRTER BLITZANGRIFF HAT EINE CHANCE, SIR!
DIE CHANCE STEHT EINS ZU HUNDERT!
KEINER DER MÄNNER WIRD LEBEND ZURÜCKKEHREN! WER, GLAUBEN SIE, MELDET SICH FÜR EIN SOLCHES TODESKOMMANDO?
ICH, SIR!
!!!
SIE, BLUEBERRY? SIND SIE VERRÜCKT? WIR WISSEN NICHT MAL GENAU, WO DIESES VERFLUCHTE LAGER LIEGT!
MIT SICHERHEIT IN DER NÄHE DES SCHIENENWEGES, DEN DIE REBELLEN FÜR IHREN NACHSCHUB BENUTZEN WERDEN, SIR!
UND GENAUSO SICHER GIBT ES EINEN WEG, DER PARALLEL ZU DER STRECKENFÜHRUNG VERLÄUFT! WIR MÜSSEN IHN NUR FINDEN!
GLAUBEN SIE, SIE KÖNNEN EINFACH SO AUF FEINDLICHES GEBIET VORSTOSSEN, OHNE FRÜHER ODER SPÄTER AUF EINE PATROUILLE ZU STOSSEN?
NATÜRLICH NICHT, SIR! WIR BRÄUCHTEN SECHS TAGE HIN UND ZURÜCK UND HÄTTEN KEINE CHANCE, UNENTDECKT ZU BLEIBEN!
?!!? BEI ALLEN TEUFELN!... WIE GEDENKEN SIE ALSO VORZUGEHEN, LIEUTENANT?
WIR NEHMEN DEN ZUG, SIR! DAS IST DER DIREKTESTE UND SCHNELLSTE WEG, UM DAS DEPOT DER REBELLEN ZU ERREICHEN!
!!!

DEN ZUG ?! DAS ... DAS IST ...
... WAHNSINN, SIR ! UND GENAU DESHALB RECHNEN DIE REBELLEN NICHT DAMIT !
HELL ! SIE WERDEN SICH DEN WEG HINTER IHRE LINIEN FREISCHIESSEN MÜSSEN ! UND DANN GIBT ES EINEN GROSS-ALARM !
NICHT, WENN WIR DIE WACHPOSTEN ÜBERRASCHEN, SIR ! ICH HABE DA EINE IDEE !
SIE TRÄUMEN ! UND WIE VIELE MÄNNER WOLLEN SIE ZU DIESEM TODES-KOMMANDO ÜBERREDEN, BLUEBERRY ?
ZWANZIG ODER DREISSIG GENÜGEN, SIR !
AUS DEM GEFÄNGNIS, SIR, MIT IHRER ERLAUBNIS ! ... MÄNNER, DIE WEGEN REBELLION ODER PLÜNDERUNG ZUM TODE VERURTEILT WURDEN ! GEBEN SIE MIR FREIE HAND, SIR !
!!!
ICH BIN DABEI !
ICH AUCH !
NICHT ZU FASSEN ! UND WOHER BEKOMMT IHR DIE ANDEREN IRREN ?
FÜR STRAFERLASS WÜRDEN DIESE LEUTE ALLES TUN ! NATÜRLICH WERDE ICH KEINE DESERTEURE NEHMEN !
DAMN IT ! WIE IST IHR PLAN ?
TUT MIR LEID, SIR ! ER MUSS GEHEIM BLEIBEN, DAMIT NICHTS DURCH-SICKERT !
HMMM... NA GUT ! WAS BRAUCHEN SIE ?
DIE STÄRKSTE LOKOMOTIVE AUS DEM DEPOT IN NASHVILLE, ZWEI WAGGONS ...
... WAFFEN, SPRENGSTOFF UND EINE PLATT-FORM MIT EINER KANONE !
WAS !?
HMM... DIE UMSTÄNDE ZWINGEN MICH, AUF DIESEN WAHN-SINN EINZUGEHEN, LIEUTENANT ! ABER NUR, WEIL ES UNSERE EIN-ZIGE CHANCE IST !
EINE STUNDE SPÄTER ...
HIER SIND DIE NAMEN DER ZUM TODE VERURTEILTEN, DEREN GNADENGESUCHE ABGELEHNT WURDEN ! ES SIND ALLES DRAUFGÄNGER, DIE VOR NICHTS ZURÜCKSCHRECKEN, LIEUTENANT !
SEHR GUT ! ICH BRAUCHE MÄNNER, DIE ALLES RISKIEREN, WEIL SIE NICHTS MEHR ZU VERLIEREN HABEN !
HALLO, MÄNNER ... !

IHR ALLE WERDET IN DEN NÄCHSTEN TAGEN HINGERICHTET! ABER ICH BIETE EUCH EINE ALTERNATIVE! EUER LEBEN UND EURE FREIHEIT!
ZU SCHÖN, UM WAHR ZU SEIN!
HE! WO IST DER HAKEN DABEI?
HÖRT NICHT AUF IHN, JUNGS! DAS IST EIN TRICK!
NUN, IHR WERDET EUCH EURE FREIHEIT ERKÄMPFEN MÜSSEN! ES WIRD HART! ABER ICH SELBST WERDE EUCH ANFÜHREN, UND ICH HABE VOR, LEBEND ZURÜCKZUKOMMEN!
HE, MOMENT! WORUM GEHT ES GENAU?
WIR HABEN EIN RECHT, DAS ZU WISSEN!
NEIN! ALLES, WAS ICH EUCH SAGEN KANN, IST, DASS WIR UNS HINTER DIE FEINDLICHEN LINIEN SCHMUGGELN WERDEN!... ALSO, WER MELDET SICH?
NA JA... BESSER ALS HÄNGEN... OKAY, ICH BIN DABEI!
ALSO GUT, ICH AUCH!
ICH!
IMMERHIN IST ES EINE CHANCE!
SEHR GUT! ABER ICH WARNE EUCH: GLAUBT NICHT, DASS IHR EUCH UNTERWEGS AUS DEM STAUB MACHEN KÖNNT! WER ES VERSUCHT, DEM VERSCHAFFE ICH PERSÖNLICH EINE EINTRITTSKARTE ZUR HÖLLE...!
UND NOCH WAS: DIE REBS WERDEN JEDEN VON UNS ALS SPION BEHANDELN! WER ERWISCHT WIRD, IST ERLEDIGT!
AM NÄCHSTEN MORGEN...
DAS IST IHR ZUG, LIEUTENANT! DIE LOKOMOTIVE IST DAS NEUESTE MODELL!
UND WIR HABEN GENÜGEND UNIFORMEN DER KONFÖDERIERTEN AUFGETRIEBEN, UM IHREN HAUFEN VON VERRÜCKTEN ZU TARNEN...

ICH HABE EIN WEITERES GESCHÜTZ AM HINTEREN ENDE IHRES ZUGES ANBRINGEN LASSEN, LIEUTENANT. MAN KANN SCHLIESSLICH NIE WISSEN!
DANKE, SIR! ABER WER WIRD DIE LOKOMOTIVE FAHREN?
ICH NATÜRLICH, DU GRÜNSCHNABEL! ODER GLAUBST DU, ICH VERTRAUE DIESES SCHMUCKSTÜCK IRGENDEINEM VERDAMMTEN ANFÄNGER AN?
SIE... SIE WOLLEN DIE MASCHINE SELBST FÜHREN?
KLAR! ICH BIN SAM! MEIN HEIZER HEISST GUS!
ES IST VERDAMMT RISKANT, SAM!
KEINE SORGE, KLEINER! MEINE LULU BELLE UND ICH SIND AUF ALLES VORBEREITET!
UND WIR HABEN DEN KESSEL VORSICHTSHALBER MIT STAHLPLATTEN GESCHÜTZT! GUT, WAS?
OKAY, SAM! LADE SOVIEL HOLZ UND KOHLE, WIE DU KANNST!
7A.
SPÄTER, GEGEN ABEND...
DIE REBS ÜBERWACHEN DIE GEGEND UM DIE GLEISE GENAU! DAS HÄTTE MICH FAST DEN KOPF GEKOSTET!
WIE WOLLEN SIE IHRE SPERREN ÜBERWINDEN UND VERHINDERN, DASS SIE ALARM SCHLAGEN, LIEUTENANT?
INDEM WIR IHNEN BEI NACHT IN DEN RÜCKEN FALLEN! DEN REST WERDEN WIR SEHEN!
DAS WERDEN WIR KAUM SCHAFFEN! SIE SIND ÜBERALL! KEINE CHANCE, LIEUTENANT!
DOCH! WIR NEHMEN DEN FLUSS!
WAS?!
... DER FLUSS ÜBERQUERT DIE GRENZE! UND ER FLIESST IN DIE RICHTIGE RICHTUNG! SIE VERSTEHEN!?
!!!
SIE SIND VERRÜCKT! DORT GIBT ES GEFÄHRLICHE STROMSCHNELLEN!
EIN GRUND MEHR! DIE REBELLEN WERDEN DORT NICHT MIT UNS RECHNEN!
SAM! HEUTE NACHT WIRST DU DEN ZUG BIS KURZ VOR DIE FRONT FAHREN! AUF MEIN SIGNAL FÄHRST DU WEITER ... DANN WIRD DER WEG FREI SEIN!
7B.

SERGEANT GRAYSON! ICH BRAUCHE ZWANZIG MANN, DIE SCHWIMMEN KÖNNEN! UND DAMIT MEINE ICH, IN VOLLER UNIFORM UND MIT IHREN WAFFEN!
DIE STRÖMUNG IST STARK! SIE WERDEN MÄCHTIG ABGETRIEBEN WERDEN!
EINE FRAGE, SIR! BEI NACHT UND BEI DEM LÄRM DES FLUSSES, WIE SOLLEN WIR UNS DA WIEDER ZUSAMMENFINDEN?
WÄHLEN SIE DEN BESTEN SCHWIMMER AUS, GRAYSON! ER UND ICH WERDEN ALS ERSTE VERSUCHEN, DEN RICHTIGEN ORT ZU FINDEN!
WAHRSCHEINLICH HIER, WO DER FLUSS PARALLEL ZU DEN SCHIENEN VERLÄUFT, HÖCHSTENS DREI MEILEN HINTER DEN LINIEN DES FEINDES!
WIR WERDEN VERSUCHEN, EIN SEIL VON DER EINEN SEITE DES FLUSSES ZUR ANDEREN ZU SPANNEN...
DARAN KÖNNEN SICH DIE MÄNNER FESTHALTEN UND ZUM LINKEN FLUSSUFER HANGELN! DANN SIND ES NOCH FÜNF MEILEN ZU FUSS!
OKAY, WIR BRECHEN UM 22 UHR AUF! BEI SONNENAUFGANG MUSS DER ZUG HINTER DEN LINIEN SEIN!
ZUR ABLENKUNG WIRD UM MITTERNACHT EIN ANGRIFF GEGEN DIE POSTEN GERITTEN, DIE DIE SCHIENEN BEWACHEN!
GENAU UM 22 UHR...
ICH WÜNSCHE JEDEM EINZELNEN VON EUCH VIEL GLÜCK UND GEBE NOCH EINMAL MEIN WORT ALS OFFIZIER, DASS JEDER, DER MIT HEILER HAUT AUS DIESER SACHE HERAUSKOMMT, WIEDER EIN FREIER MANN SEIN WIRD!
DANKE, SIR! SERGEANT GRAYSON! LASSEN SIE AUFSITZEN!

SIE HALTEN DAS SCHICKSAL UNSERER ARMEE IN IHREN HÄNDEN, LIEUTENANT!
ICH WERDE DARAN DENKEN, SIR!
EINIGE MINUTEN SPÄTER VERLÄSST DIE LULU BELLE UNTER VOLLEM DAMPF CHATTANOOGA. IM SCHUTZ DER NACHT BRINGT SIE IHRE PASSAGIERE EINER TÖDLICHEN MISSION ENTGEGEN ...
DREISSIG MINUTEN SPÄTER...
DAS ERSTE SIGNAL!... WIR MÜSSEN ABBREMSEN!
WIR SIND DA, JUNGCHEN!
END-STATION! ALLES AUS-STEIGEN!
SIE NICHT, DAVIS! IHRE WUNDEN SIND NOCH NICHT VERHEILT! SIE BLEIBEN BEI CORPORAL PELTON UND SEINEN LEUTEN IM ZUG! DAS IST EIN BEFEHL!
DIE VORPOSTEN DER REBS SIND EINE HALBE MEILE VORAUS! SIE HABEN GLÜCK!... KEIN MOND!!
GUT SO! GRAYSON, LASSEN SIE IHRE LEUTE ABSITZEN!
UND BALD...
DER FLUSS IST EINE MEILE WEITER ÖSTLICH! AB JETZT HERRSCHT ABSOLUTES REDE-VERBOT! SERGEANT, SIE ACHTEN DARAUF, DASS SICH KEINER AUS DEM STAUB MACHT!
UND JETZT SCHMIERT EURE GESICHTER MIT ASCHE EIN... UND DIE LÄUFE EURER WAFFEN, DAMIT SIE DAS LICHT NICHT REFLEKTIEREN!
IM SCHUTZ DER BÄUME UND DER DUNKEL-HEIT ARBEITET SICH DIE KLEINE TRUPPE VOR-WÄRTS...

NACH DREISSIG MINUTEN MARSCH DURCH UNWEGSAMES GELÄNDE...
AU!
HELL! EIN ABGRUND! EIN SCHRITT MEHR WÄRE EIN SCHRITT IN DIE HÖLLE GEWESEN!
SIR! HIER IST DER SCHWIMMER, DEN SIE WOLLTEN!... STEVE GARRET!
GEHEN WIR, STEVE! IHR ANDEREN FOLGT UNS IN ZEHN MINUTEN!
IHR MACHT ES WIE WIR, KLAR?... IHR SEILT EUCH GEGENSEITIG AN, DAMIT IHR ZUSAMMENBLEIBT!
EINIGE MINUTEN SPÄTER HABEN BLUEBERRY UND GARRET DEN FLUSS ERREICHT UND WERDEN VOR DEN AUGEN IHRER KAMERADEN VON DER GEWALTIGEN STRÖMUNG FORTGERISSEN...
GANZ SCHÖNE STRÖMUNG! DA BRAUCHEN WIR FÜR DIE DREI MEILEN HÖCHSTENS EINE HALBE STUNDE!
10A
PLÖTZLICH VERENGT SICH DAS FLUSSBETT. WIE EIN WILDBACH SCHIESST DAS WASSER ZWISCHEN LEBENSGEFÄHRLICHEN FELSEN DURCH...
SELBST WENN SIE WACHEN AM FLUSS POSTIERT HABEN, WERDEN DIE NICHTS HÖREN ODER SEHEN...
UFF! ENDLICH WIRD ES RUHIGER!... WIR SIND LÄNGST HINTER DEN LINIEN DES FEINDES!
DAS UFER IST FLACH UND DIE STRÖMUNG NUR SCHWACH! DAS IST DER RICHTIGE ORT!
UND BALD...
BEFESTIGE DAS SEIL GUT AN DEM BAUM! ICH SCHWIMME ANS ANDERE UFER UND WERDE ES DORT FESTBINDEN!
AN DIESER STELLE DES FLUSSES HAT BLUEBERRY KEINE SCHWIERIGKEITEN, GEGEN DIE STRÖMUNG ANS ANDERE UFER ZU GELANGEN...
10B

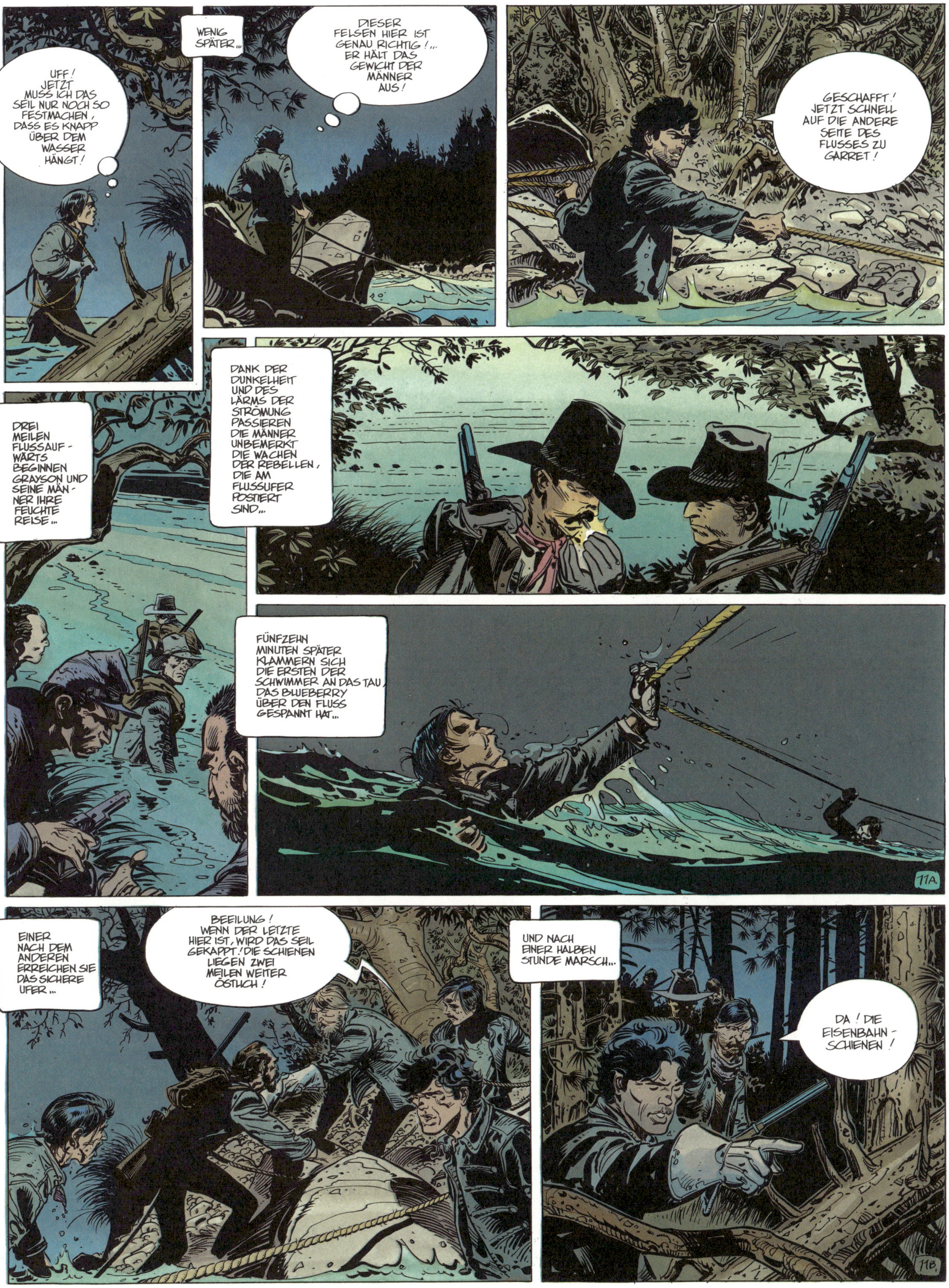
UFF! JETZT MUSS ICH DAS SEIL NUR NOCH SO FESTMACHEN, DASS ES KNAPP ÜBER DEM WASSER HÄNGT!
WENIG SPÄTER...
DIESER FELSEN HIER IST GENAU RICHTIG!... ER HÄLT DAS GEWICHT DER MÄNNER AUS!
GESCHAFFT! JETZT SCHNELL AUF DIE ANDERE SEITE DES FLUSSES ZU GARRET!
DREI MEILEN FLUSSAUFWÄRTS BEGINNEN GRAYSON UND SEINE MÄNNER IHRE FEUCHTE REISE...
DANK DER DUNKELHEIT UND DES LÄRMS DER STRÖMUNG PASSIEREN DIE MÄNNER UNBEMERKT DIE WACHEN DER REBELLEN, DIE AM FLUSSUFER POSTIERT SIND...
FÜNFZEHN MINUTEN SPÄTER KLAMMERN SICH DIE ERSTEN DER SCHWIMMER AN DAS TAU, DAS BLUEBERRY ÜBER DEN FLUSS GESPANNT HAT...
EINER NACH DEM ANDEREN ERREICHEN SIE DAS SICHERE UFER...
BEEILUNG! WENN DER LETZTE HIER IST, WIRD DAS SEIL GEKAPPT! DIE SCHIENEN LIEGEN ZWEI MEILEN WEITER ÖSTLICH!
UND NACH EINER HALBEN STUNDE MARSCH...
DA! DIE EISENBAHNSCHIENEN!

GESCHAFFT! WIR SIND ZWEI MEILEN HINTER DEN POSTEN, DIE DEN SCHIENENSTRANG BEWACHEN! JETZT MÜSSEN WIR ERST MAL DIE TELEGRAPHENLEITUNGEN UNBRAUCHBAR MACHEN!
UND AUF IHREM WEG NACH NORDEN LEISTEN DIE MÄNNER IM RÜCKEN DER VORPOSTEN DER SÜDSTAATENARMEE GANZE ARBEIT...
MIT EINER EINFACHEN TECHNIK WERDEN DIE DRÄHTE DER TELEGRAPHENLEITUNGEN GEKAPPT...
CRAC!
12A
...UND NOCH VOR MITTERNACHT BEZIEHEN BLUEBERRY UND SEINE MÄNNER STELLUNG IM RÜCKEN DES FEINDES...
DORT LIEGT UNSER ZIEL! BESTENS BELEUCHTET DURCH DIE LAGERFEUER!
ES SIND MEHR ALS FÜNFZIG REBELLEN! WIR MÜSSEN ES BEIM ERSTEN MAL SCHAFFEN! FEUER ERST AUF MEINEN BEFEHL!
PUNKT MITTERNACHT BEGINNT DER ABGESPROCHENE ABLENKUNGSANGRIFF DER NORDSTAATLER MIT EINEM HEFTIGEN, ABER WENIG WIRKUNGSVOLLEN FEUERWERK...
12B

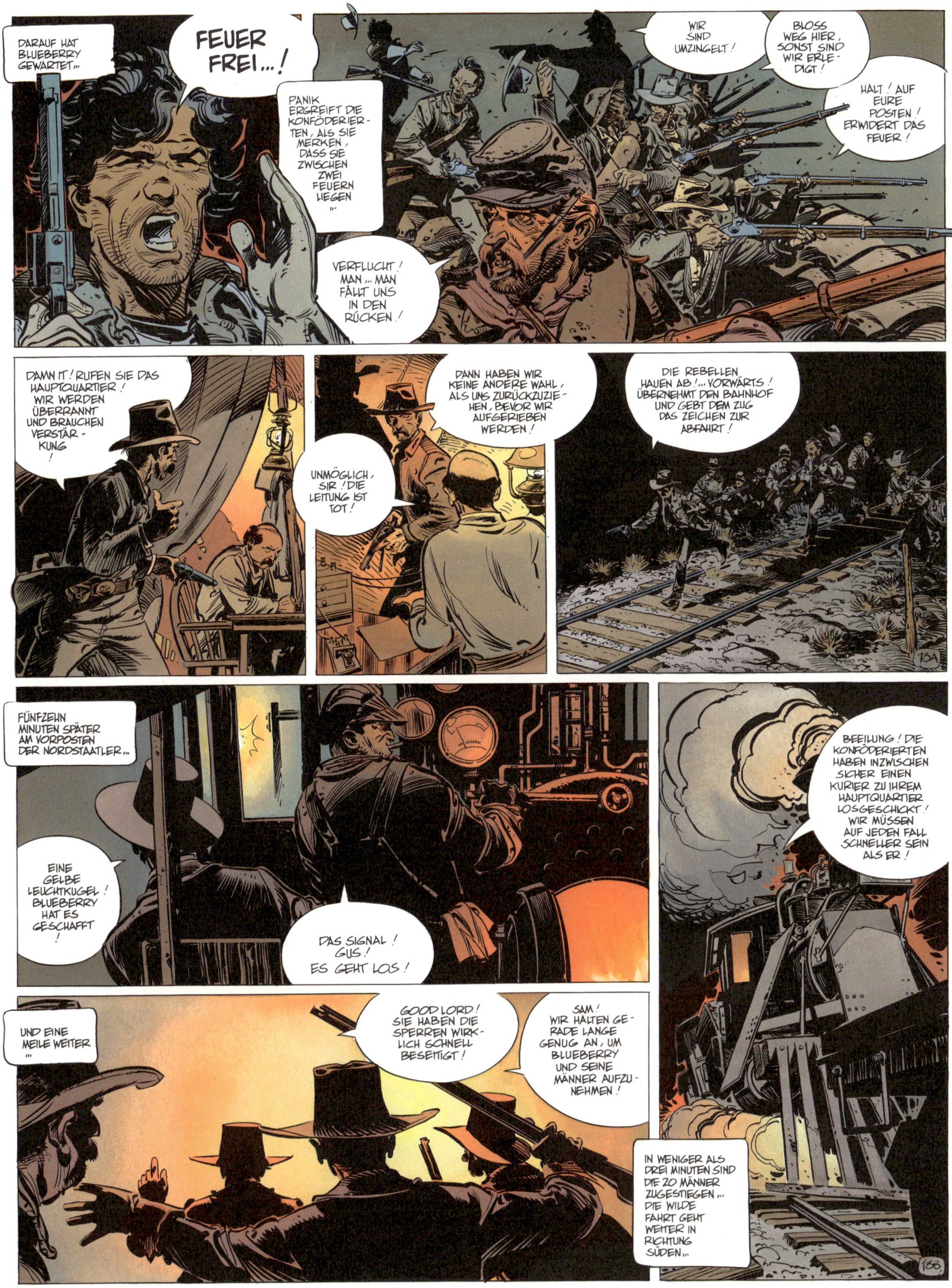

DARAUF HAT BLUEBERRY GEWARTET...
FEUER FREI...!
PANIK ERGREIFT DIE KONFÖDERIERTEN, ALS SIE MERKEN, DASS SIE ZWISCHEN ZWEI FEUERN LIEGEN...
VERFLUCHT! MAN... MAN FÄLLT UNS IN DEN RÜCKEN!
WIR SIND UMZINGELT!
BLOSS WEG HIER, SONST SIND WIR ERLEDIGT!
HALT! AUF EURE POSTEN! ERWIDERT DAS FEUER!
DAMN IT! RUFEN SIE DAS HAUPTQUARTIER! WIR WERDEN ÜBERRANNT UND BRAUCHEN VERSTÄRKUNG!
UNMÖGLICH, SIR! DIE LEITUNG IST TOT!
DANN HABEN WIR KEINE ANDERE WAHL, ALS UNS ZURÜCKZUZIEHEN, BEVOR WIR AUFGERIEBEN WERDEN!
DIE REBELLEN HAUEN AB!... VORWÄRTS! ÜBERNEHMT DEN BAHNHOF UND GEBT DEM ZUG DAS ZEICHEN ZUR ABFAHRT!
15A
FÜNFZEHN MINUTEN SPÄTER AM VORPOSTEN DER NORDSTAATLER...
EINE GELBE LEUCHTKUGEL! BLUEBERRY HAT ES GESCHAFFT!
DAS SIGNAL! GUS! ES GEHT LOS!
BEEILUNG! DIE KONFÖDERIERTEN HABEN INZWISCHEN SICHER EINEN KURIER ZU IHREM HAUPTQUARTIER LOSGESCHICKT! WIR MÜSSEN AUF JEDEN FALL SCHNELLER SEIN ALS ER!
UND EINE MEILE WEITER...
GOOD LORD! SIE HABEN DIE SPERREN WIRKLICH SCHNELL BESEITIGT!
SAM! WIR HALTEN GERADE LANGE GENUG AN, UM BLUEBERRY UND SEINE MÄNNER AUFZUNEHMEN!
IN WENIGER ALS DREI MINUTEN SIND DIE 20 MÄNNER ZUGESTIEGEN... DIE WILDE FAHRT GEHT WEITER IN RICHTUNG SÜDEN...
15B

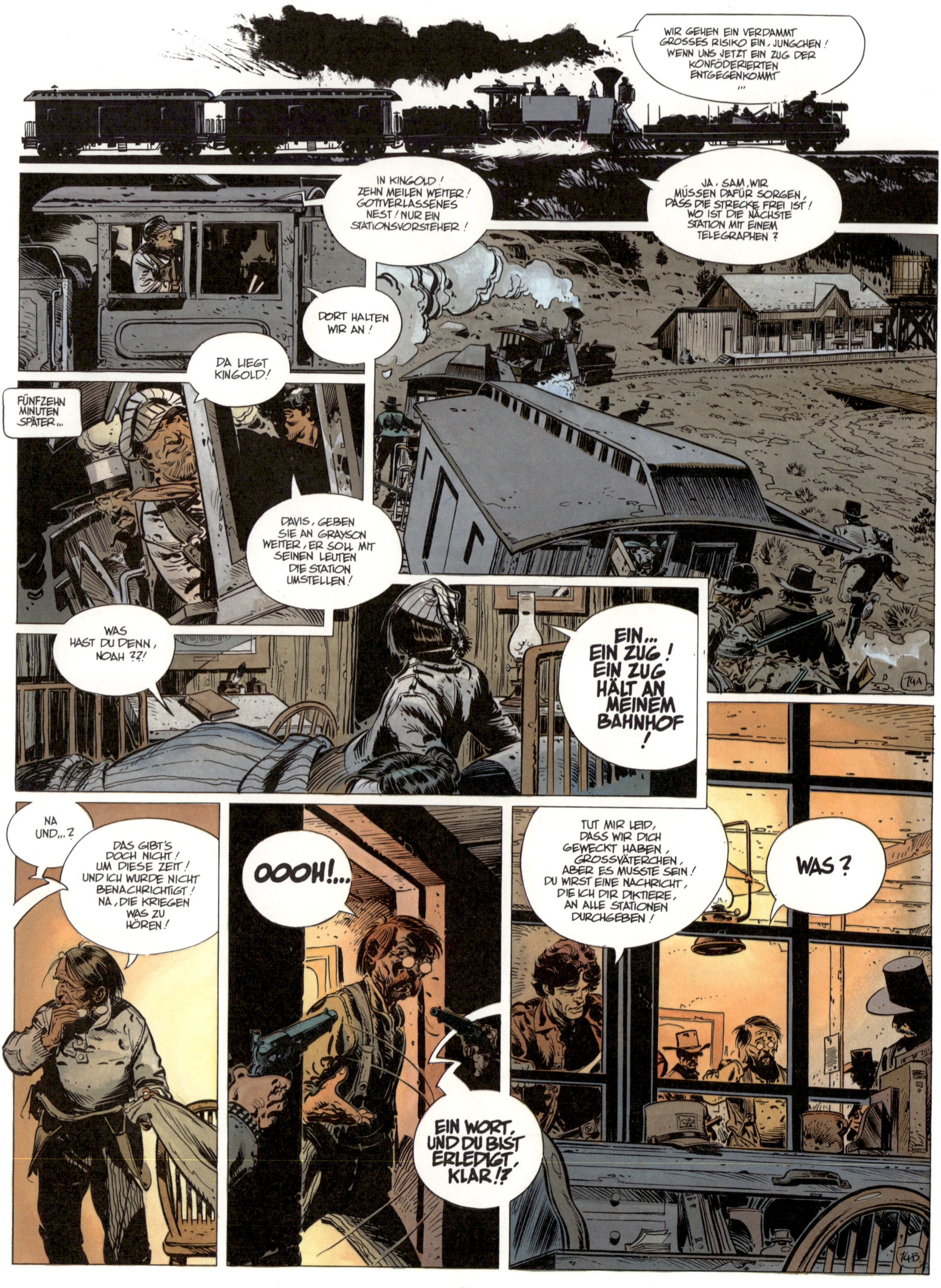
WIR GEHEN EIN VERDAMMT GROSSES RISIKO EIN, JUNGCHEN! WENN UNS JETZT EIN ZUG DER KONFÖDERIERTEN ENTGEGENKOMMT ...
IN KINGOLD! ZEHN MEILEN WEITER! GOTTVERLASSENES NEST! NUR EIN STATIONSVORSTEHER!
JA, SAM, WIR MÜSSEN DAFÜR SORGEN, DASS DIE STRECKE FREI IST! WO IST DIE NÄCHSTE STATION MIT EINEM TELEGRAPHEN?
DORT HALTEN WIR AN!
DA LIEGT KINGOLD!
FÜNFZEHN MINUTEN SPÄTER...
DAVIS, GEBEN SIE AN GRAYSON WEITER, ER SOLL MIT SEINEN LEUTEN DIE STATION UMSTELLEN!
WAS HAST DU DENN, NOAH ?!?
EIN... EIN ZUG! EIN ZUG HÄLT AN MEINEM BAHNHOF!
NA UND...?
DAS GIBT'S DOCH NICHT! UM DIESE ZEIT! UND ICH WURDE NICHT BENACHRICHTIGT! NA, DIE KRIEGEN WAS ZU HÖREN!
OOOH!...
EIN WORT, UND DU BIST ERLEDIGT, KLAR!?
TUT MIR LEID, DASS WIR DICH GEWECKT HABEN, GROSSVÄTERCHEN, ABER ES MUSSTE SEIN! DU WIRST EINE NACHRICHT, DIE ICH DIR DIKTIERE, AN ALLE STATIONEN DURCHGEBEN!
WAS?

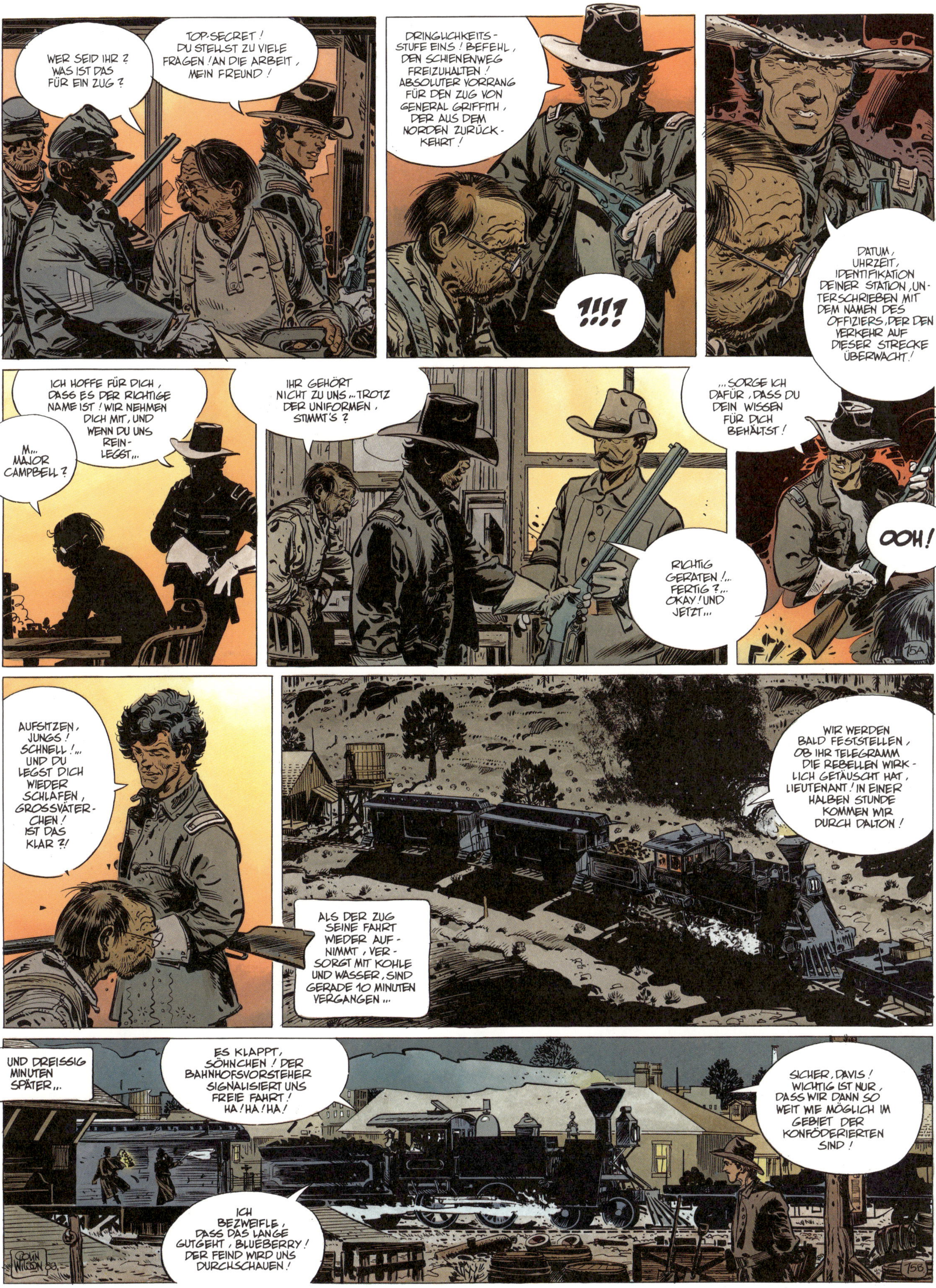
WER SEID IHR ? WAS IST DAS FÜR EIN ZUG ?
TOP-SECRET ! DU STELLST ZU VIELE FRAGEN ! AN DIE ARBEIT , MEIN FREUND !
DRINGLICHKEITS-STUFE EINS ! BEFEHL , DEN SCHIENENWEG FREIZUHALTEN ! ABSOLUTER VORRANG FÜR DEN ZUG VON GENERAL GRIFFITH , DER AUS DEM NORDEN ZURÜCKKEHRT !
?!!?
DATUM, UHRZEIT, IDENTIFIKATION DEINER STATION, UNTERSCHRIEBEN MIT DEM NAMEN DES OFFIZIERS, DER DEN VERKEHR AUF DIESER STRECKE ÜBERWACHT !
M... MAJOR CAMPBELL ?
ICH HOFFE FÜR DICH, DASS ES DER RICHTIGE NAME IST ! WIR NEHMEN DICH MIT, UND WENN DU UNS REINLEGST...
IHR GEHÖRT NICHT ZU UNS ... TROTZ DER UNIFORMEN , STIMMT'S ?
RICHTIG GERATEN !... FERTIG ?... OKAY ! UND JETZT...
... SORGE ICH DAFÜR , DASS DU DEIN WISSEN FÜR DICH BEHÄLTST !
OOH!
AUFSITZEN, JUNGS ! SCHNELL !... UND DU LEGST DICH WIEDER SCHLAFEN , GROSSVÄTERCHEN ! IST DAS KLAR ?!
ALS DER ZUG SEINE FAHRT WIEDER AUFNIMMT , VERSORGT MIT KOHLE UND WASSER , SIND GERADE 10 MINUTEN VERGANGEN ...
WIR WERDEN BALD FESTSTELLEN, OB IHR TELEGRAMM DIE REBELLEN WIRKLICH GETÄUSCHT HAT , LIEUTENANT ! IN EINER HALBEN STUNDE KOMMEN WIR DURCH DALTON !
UND DREISSIG MINUTEN SPÄTER...
ES KLAPPT, SÖHNCHEN ! DER BAHNHOFSVORSTEHER SIGNALISIERT UNS FREIE FAHRT ! HA ! HA ! HA !
ICH BEZWEIFLE, DASS DAS LANGE GUTGEHT, BLUEBERRY ! DER FEIND WIRD UNS DURCHSCHAUEN !
SICHER, DAVIS ! WICHTIG IST NUR, DASS WIR DANN SO WEIT WIE MÖGLICH IM GEBIET DER KONFÖDERIERTEN SIND !

UND JE WEITER WIR VON DER FRONT WEG SIND, DESTO WENIGER TRUPPEN ERWARTEN UNS!
HE, SAM! WARUM BREMST DU AB?
VORSCHRIFT, MEIN JUNGE! WIR FAHREN IN DEN BLUE-HILLS-TUNNEL EIN!
HM... HALT DIREKT AM EINGANG AN!
WIE DU MEINST!
NOCH EIN HALT!?? DAS IST WAHNSINN!
SERGEANT GRAYSON! LASSEN SIE DIE DECKE UND DIE WÄNDE DES TUNNELS MIT STARKEN DYNAMITLADUNGEN VERMINEN!
AYE, AYE, SIR!
ACHTET AUF DIE TARNUNG, JUNGS! DAS DYNAMIT DARF AUF KEINEN FALL VORZEITIG ENTDECKT WERDEN!
FERTIG, SIR! NIEMAND WIRD DIE SPRENGLADUNGEN ENTDECKEN! ABER ES GENÜGT EINE MINUTE, UM SIE ZU ZÜNDEN!
OKAY, SERGEANT! NOTIEREN SIE DIE LAGE DER LADUNGEN, UND DANN WEG HIER!
DAMN IT! WIR HABEN FAST ZWANZIG MINUTEN VERLOREN, LIEUTENANT!
DAS WAR NOCH NICHT ALLES, DAVIS! WEITER, SAM!...
DER ZUG NIMMT DIE FAHRT DURCH DEN TUNNEL WIEDER AUF...
HEISST... HEISST DAS, WIR HALTEN NOCH ÖFTER AN?
WIR WERDEN DIE STRECKE ÜBERALL DORT VERMINEN, WO WIR DEN NACHSCHUB DER KONFÖDERIERTEN BLOCKIEREN KÖNNEN!
?!!?
FALLS UNSERE EIGENTLICHE MISSION MISSLINGEN SOLLTE, HABEN WIR AUF DIESE WEISE NOCH EINE CHANCE, DIE OFFENSIVE DER REBELLEN ZU VERHINDERN!

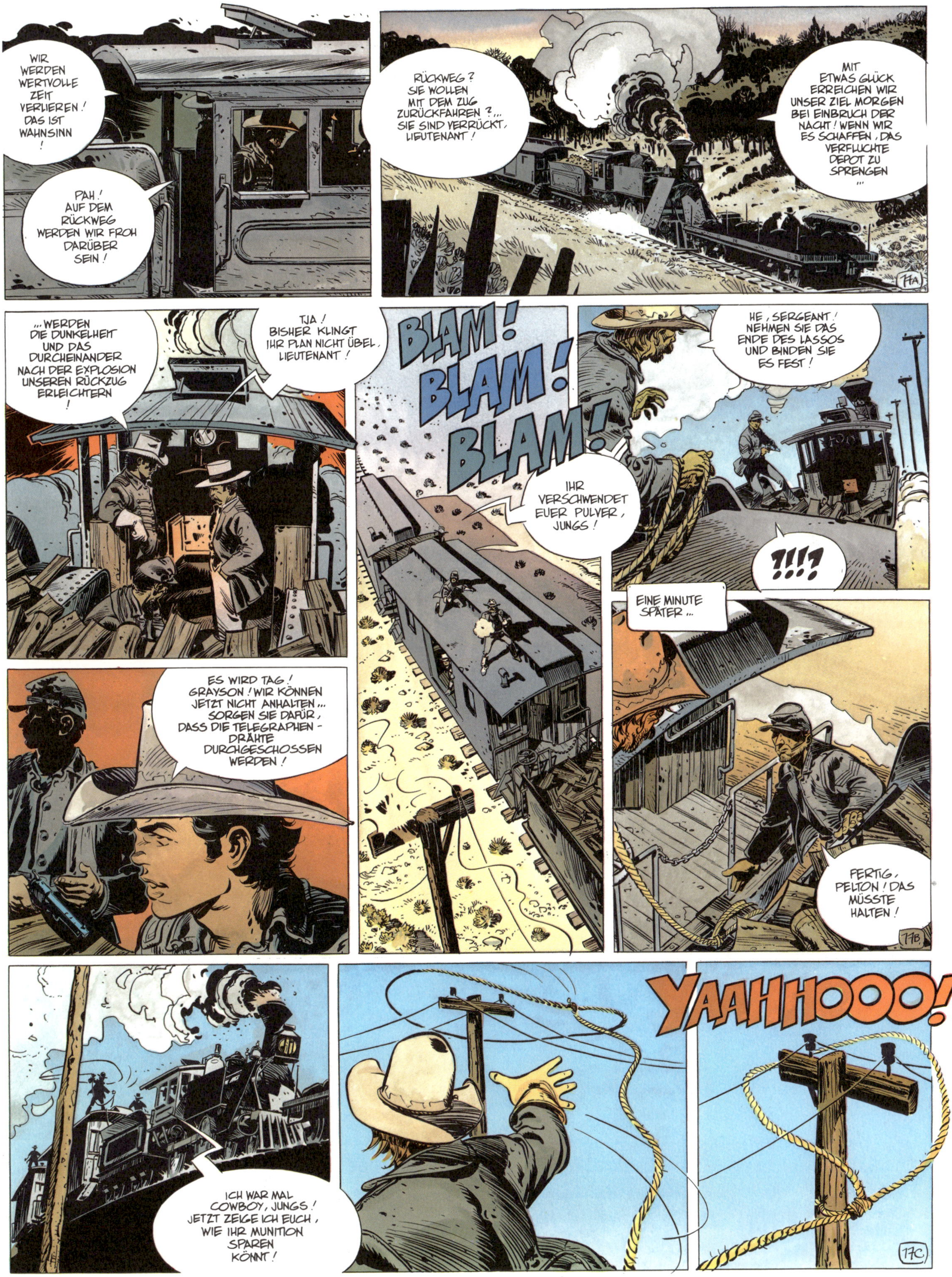
WIR WERDEN WERTVOLLE ZEIT VERLIEREN! DAS IST WAHNSINN!
PAH! AUF DEM RÜCKWEG WERDEN WIR FROH DARÜBER SEIN!
RÜCKWEG? SIE WOLLEN MIT DEM ZUG ZURÜCKFAHREN?... SIE SIND VERRÜCKT, LIEUTENANT!
MIT ETWAS GLÜCK ERREICHEN WIR UNSER ZIEL MORGEN BEI EINBRUCH DER NACHT! WENN WIR ES SCHAFFEN, DAS VERFLUCHTE DEPOT ZU SPRENGEN ...
... WERDEN DIE DUNKELHEIT UND DAS DURCHEINANDER NACH DER EXPLOSION UNSEREN RÜCKZUG ERLEICHTERN!
TJA! BISHER KLINGT IHR PLAN NICHT ÜBEL, LIEUTENANT!
BLAM! BLAM! BLAM!
IHR VERSCHWENDET EUER PULVER, JUNGS!
HE, SERGEANT! NEHMEN SIE DAS ENDE DES LASSOS UND BINDEN SIE ES FEST!
?!!?
ES WIRD TAG! GRAYSON! WIR KÖNNEN JETZT NICHT ANHALTEN... SORGEN SIE DAFÜR, DASS DIE TELEGRAPHEN-DRÄHTE DURCHGESCHOSSEN WERDEN!
EINE MINUTE SPÄTER ...
FERTIG, PELTON! DAS MÜSSTE HALTEN!
ICH WAR MAL COWBOY, JUNGS! JETZT ZEIGE ICH EUCH, WIE IHR MUNITION SPAREN KÖNNT!
YAAHHOOO!

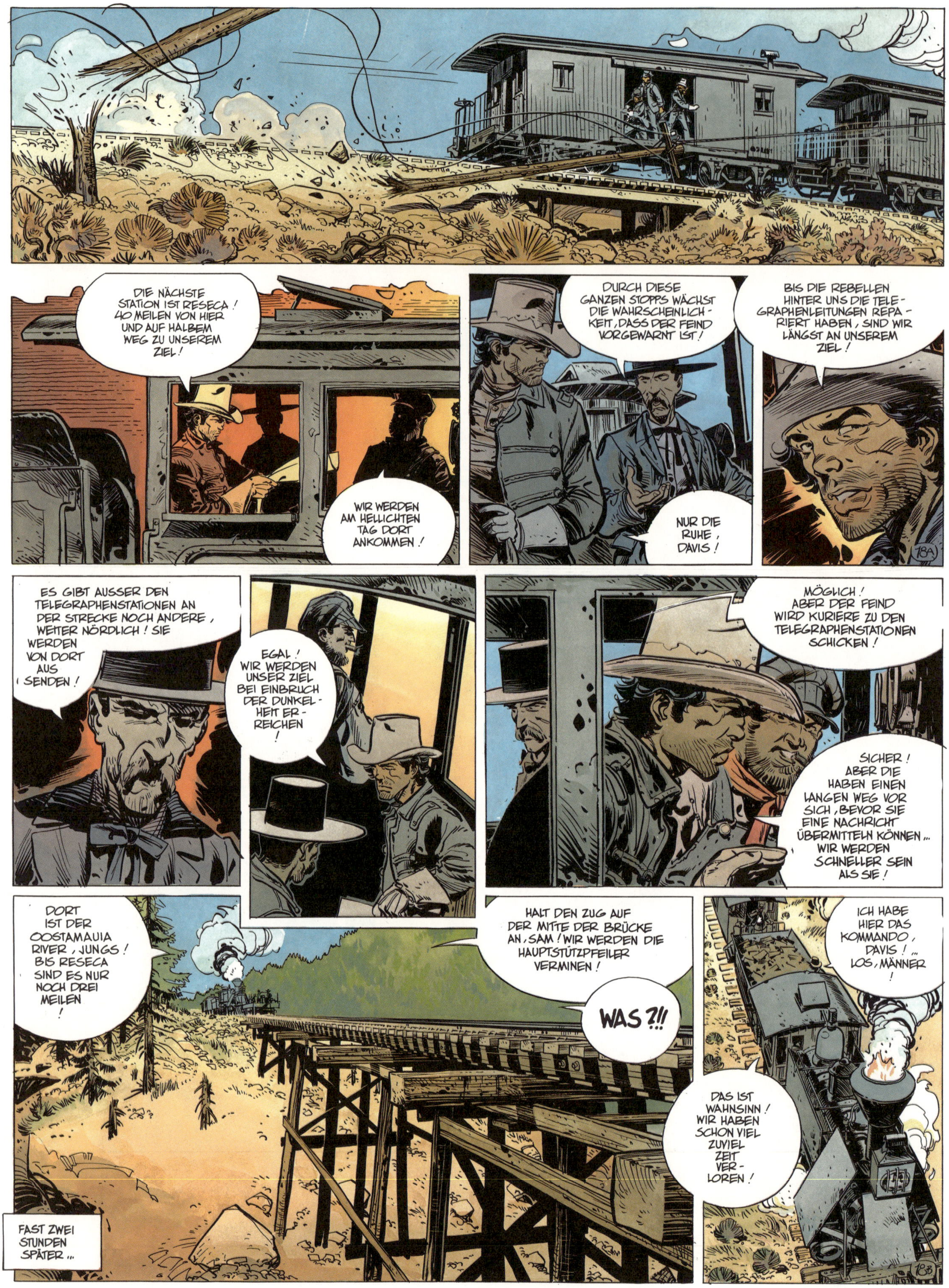
DIE NÄCHSTE STATION IST RESECA! 40 MEILEN VON HIER UND AUF HALBEM WEG ZU UNSEREM ZIEL!
WIR WERDEN AM HELLICHTEN TAG DORT ANKOMMEN!
DURCH DIESE GANZEN STOPPS WÄCHST DIE WAHRSCHEINLICHKEIT, DASS DER FEIND VORGEWARNT IST!
NUR DIE RUHE, DAVIS!
BIS DIE REBELLEN HINTER UNS DIE TELEGRAPHENLEITUNGEN REPARIERT HABEN, SIND WIR LÄNGST AN UNSEREM ZIEL!
ES GIBT AUSSER DEN TELEGRAPHENSTATIONEN AN DER STRECKE NOCH ANDERE, WEITER NÖRDLICH! SIE WERDEN VON DORT AUS SENDEN!
EGAL! WIR WERDEN UNSER ZIEL BEI EINBRUCH DER DUNKELHEIT ERREICHEN!
MÖGLICH! ABER DER FEIND WIRD KURIERE ZU DEN TELEGRAPHENSTATIONEN SCHICKEN!
SICHER! ABER DIE HABEN EINEN LANGEN WEG VOR SICH, BEVOR SIE EINE NACHRICHT ÜBERMITTELN KÖNNEN... WIR WERDEN SCHNELLER SEIN ALS SIE!
FAST ZWEI STUNDEN SPÄTER...
DORT IST DER OOSTAMAUIA RIVER, JUNGS! BIS RESECA SIND ES NUR NOCH DREI MEILEN!
HALT DEN ZUG AUF DER MITTE DER BRÜCKE AN, SAM! WIR WERDEN DIE HAUPTSTÜTZPFEILER VERMINEN!
WAS?!!
ICH HABE HIER DAS KOMMANDO, DAVIS!... LOS, MÄNNER!
DAS IST WAHNSINN! WIR HABEN SCHON VIEL ZUVIEL ZEIT VERLOREN!

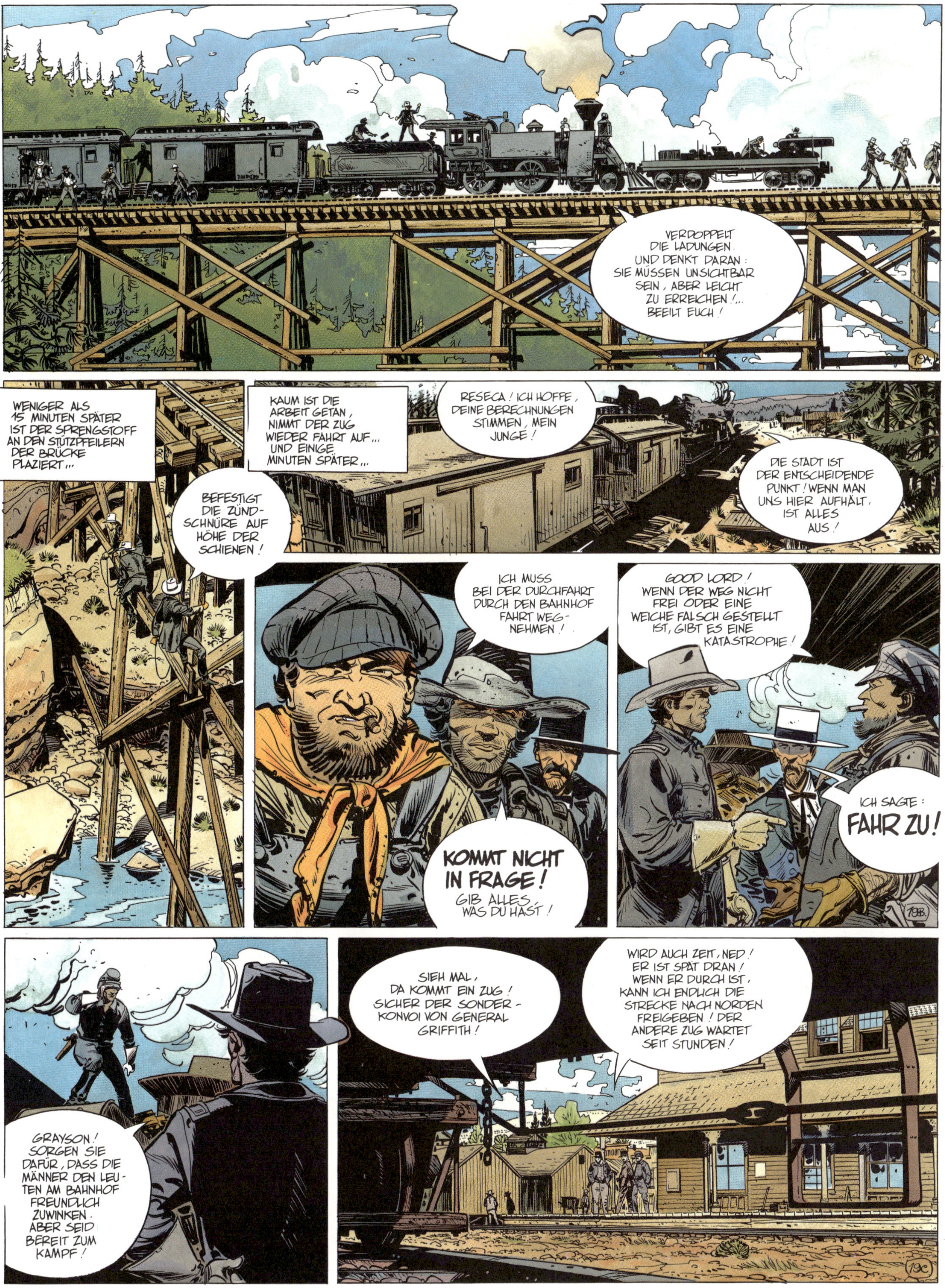
VERDOPPELT DIE LADUNGEN UND DENKT DARAN: SIE MÜSSEN UNSICHTBAR SEIN, ABER LEICHT ZU ERREICHEN!... BEEILT EUCH!
WENIGER ALS 15 MINUTEN SPÄTER IST DER SPRENGSTOFF AN DEN STÜTZPFEILERN DER BRÜCKE PLAZIERT...
BEFESTIGT DIE ZÜND-SCHNÜRE AUF HÖHE DER SCHIENEN!
KAUM IST DIE ARBEIT GETAN, NIMMT DER ZUG WIEDER FAHRT AUF... UND EINIGE MINUTEN SPÄTER...
RESECA! ICH HOFFE, DEINE BERECHNUNGEN STIMMEN, MEIN JUNGE!
DIE STADT IST DER ENTSCHEIDENDE PUNKT! WENN MAN UNS HIER AUFHÄLT, IST ALLES AUS!
ICH MUSS BEI DER DURCHFAHRT DURCH DEN BAHNHOF FAHRT WEG-NEHMEN!
KOMMT NICHT IN FRAGE! GIB ALLES, WAS DU HAST!
GOOD LORD! WENN DER WEG NICHT FREI ODER EINE WEICHE FALSCH GESTELLT IST, GIBT ES EINE KATASTROPHE!
ICH SAGTE: FAHR ZU!
GRAYSON! SORGEN SIE DAFÜR, DASS DIE MÄNNER DEN LEUTEN AM BAHNHOF FREUNDLICH ZUWINKEN. ABER SEID BEREIT ZUM KAMPF!
SIEH MAL, DA KOMMT EIN ZUG! SICHER DER SONDER-KONVOI VON GENERAL GRIFFITH!
WIRD AUCH ZEIT, NED! ER IST SPÄT DRAN! WENN ER DURCH IST, KANN ICH ENDLICH DIE STRECKE NACH NORDEN FREIGEBEN! DER ANDERE ZUG WARTET SEIT STUNDEN!

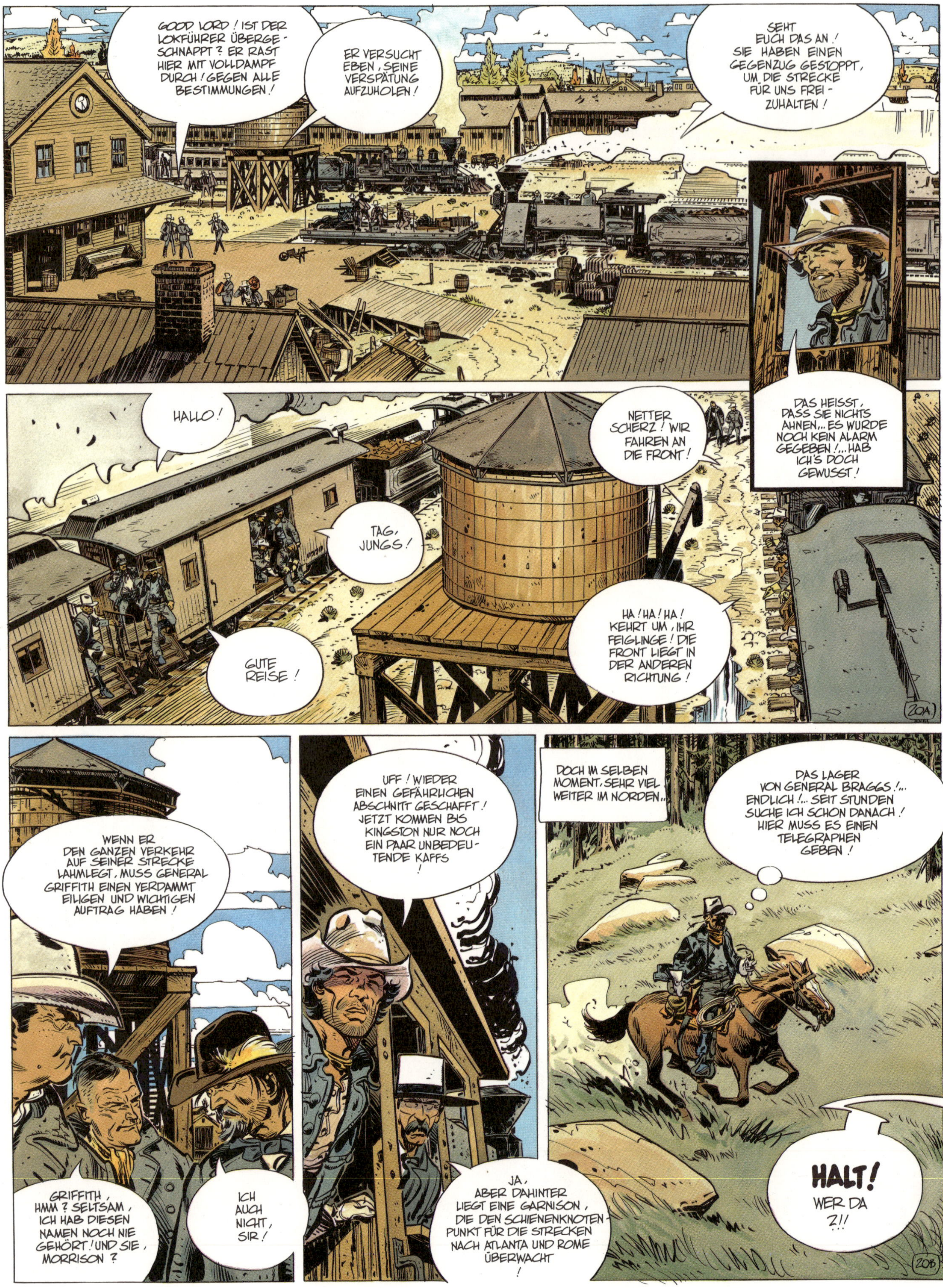
GOOD LORD! IST DER LOKFÜHRER ÜBERGESCHNAPPT? ER RAST HIER MIT VOLLDAMPF DURCH! GEGEN ALLE BESTIMMUNGEN!
ER VERSUCHT EBEN, SEINE VERSPÄTUNG AUFZUHOLEN!
SEHT EUCH DAS AN! SIE HABEN EINEN GEGENZUG GESTOPPT, UM DIE STRECKE FÜR UNS FREIZUHALTEN!
DAS HEISST, DASS SIE NICHTS AHNEN... ES WURDE NOCH KEIN ALARM GEGEBEN!... HAB ICH'S DOCH GEWUSST!
HALLO!
NETTER SCHERZ! WIR FAHREN AN DIE FRONT!
TAG, JUNGS!
HA! HA! HA! KEHRT UM, IHR FEIGLINGE! DIE FRONT LIEGT IN DER ANDEREN RICHTUNG!
GUTE REISE!
20A
WENN ER DEN GANZEN VERKEHR AUF SEINER STRECKE LAHMLEGT, MUSS GENERAL GRIFFITH EINEN VERDAMMT EILIGEN UND WICHTIGEN AUFTRAG HABEN!
GRIFFITH, HMM? SELTSAM, ICH HAB DIESEN NAMEN NOCH NIE GEHÖRT! UND SIE, MORRISON?
ICH AUCH NICHT, SIR!
UFF! WIEDER EINEN GEFÄHRLICHEN ABSCHNITT GESCHAFFT! JETZT KOMMEN BIS KINGSTON NUR NOCH EIN PAAR UNBEDEUTENDE KAFFS!
JA, ABER DAHINTER LIEGT EINE GARNISON, DIE DEN SCHIENENKNOTENPUNKT FÜR DIE STRECKEN NACH ATLANTA UND ROME ÜBERWACHT!
DOCH IM SELBEN MOMENT, SEHR VIEL WEITER IM NORDEN...
DAS LAGER VON GENERAL BRAGGS!... ENDLICH!... SEIT STUNDEN SUCHE ICH SCHON DANACH! HIER MUSS ES EINEN TELEGRAPHEN GEBEN!
HALT! WER DA ?!!
20B

DER KURIER STÜRMT QUER DURCH DAS CAMP UND...
EIN TELEGRAPH ?... IN DEM WAGEN DORT HINTEN, SERGEANT !
EIN MOBILER FELD-TELEGRAPH ! GOTT SEI DANK ! WIRD ZEIT, DASS ICH MEINE NACHRICHT LOS-WERDE !
HIER IST EINE EILMELDUNG MIT ABSOLUTER PRIORITÄT FÜR KINGSTON !
MOMENT ! ICH HAB HIER NOCH EINEN GANZEN STAPEL ANDERER MELDUNGEN !
UND ÜBERHAUPT... WER SIND SIE ? SIE GEHÖREN NICHT ZUM STAB DIESER DIVISION ! WER HAT IHNEN ERLAUBT, DEN TELEGRAPH ZU BENUTZEN ?
BLOODY HELL !
WIR REGELN DAS SPÄTER, IST DAS KLAR ? UND JETZT HAST DU ZEHN SEKUNDEN, BEVOR ICH DIR DAS GEHIRN RAUS-BLASE !
!!!
ES WIRD EINIGE ZEIT DAUERN, BIS ES ANKOMMT ! ICH MUSS ES ÜBER ATLANTA SCHICKEN ! ES GIBT KEINE DIREKTVER-BINDUNG NACH KINGS-TON !
DAMN IT !
ERSTAUNLICH ! WIR HABEN CALHOUN UND ADAIRSVILLE PASSIERT, OHNE ANGEHALTEN ZU WERDEN !
LANGSAM FANGE ICH ERNSTHAFT AN ZU GLAUBEN, DASS WIR UNSER ZIEL LEBEND ERREICHEN !
UND WÄHREND DAS TELEGRAMM MIT DER ALARMMELDUNG QUÄLEND LANGSAM VON TELEGRAPHEN-POSTEN ZU TELEGRAPHEN-POSTEN GEHT...
JEDENFALLS IST ES NICHT MEHR WEIT BIS ZUM NÄCHSTEN KNOTEN-PUNKT !
HELL ! NOCH KANN VIEL GESCHE-HEN !
GENERAL ! DRINGENDE NACHRICHT VON EINEM UNSERER VORPOSTEN !
BLOOD'N'GUTS ! DAS MUSS JA EWIG UNTERWEGS GEWESEN SEIN, WENN MAN BEDENKT, DASS DIE DIREKTE LEITUNG AUSSER BETRIEB IST !
IM SELBEN MOMENT, WEITER SÜDLICH AM EISENBAHNKNOTEN-PUNKT KINGSTON...

OOOH!... ZUR HÖLLE!... DAS IST DOCH NICHT ZU FASSEN! EIN ZUG MIT SABOTEUREN IST AUF DEM WEG HIERHER!
SERGEANT, SIND SIE SICHER, DASS DAS TELEGRAMM ECHT IST?
KEIN ZWEIFEL, SIR! ICH HABE SEINE HERKUNFT ÜBERPRÜFT!
WIR MÜSSEN DIESEN VERDAMMTEN ZUG AUFHALTEN! ABER WO? WIR WISSEN JA NICHT MAL, WO ER SICH IM MOMENT BEFINDET!
MAJOR O'BRIAN! REQUIRIEREN SIE EINE LOKOMOTIVE UND EINIGE WAGEN! NEHMEN SIE EINE KANONE UND ZWEI KOMPANIEN UND FAHREN SIE DIESEM YANKEE-ZUG ENTGEGEN!
VERLASSEN SIE SICH AUF MICH, SIR! WIR WERDEN ES DEN YANKEES ZEIGEN!
BEEILUNG, O'BRIAN! IN EINER HALBEN STUNDE WIRD ES DUNKEL!
WIR KÖNNEN DEN VERFLUCHTEN ZUG AUCH BEI NACHT NICHT VERFEHLEN! DIE STRECKE IST EINSPURIG!
22A
INZWISCHEN ...
OH!! DA VORNE! DAVIS! SEHEN SIE! SAM! HALT DEN ZUG AN!
EINE WEICHE!... DIE GLEISE FÜHREN VON DER HAUPTSTRECKE AB DIREKT IN DEN WALD!... OB DORT DIESES DEPOT LIEGT?
DAS SOLLTE MICH WUNDERN, MEIN SOHN!
CRIIIII
DIESE STRECKE WIRD SCHON SEIT JAHREN NICHT MEHR BENUTZT! SIE FÜHRTE ZU EINER ERZMINE, DIE VOR LANGER ZEIT AUFGEGEBEN WURDE!
DIE WEICHE IST BLOCKIERT!... UND WENN HIER DAS DEPOT WÄRE, MÜSSTE ES VON REBELLEN UND ZÜGEN WIMMELN!
SAM HAT RECHT! DER HEBEL FÜR DIE WEICHE IST BLOCKIERT, UND DIE SCHIENEN SIND ROSTIG! HIER IST LANGE KEIN ZUG DURCHGEKOMMEN!
22B

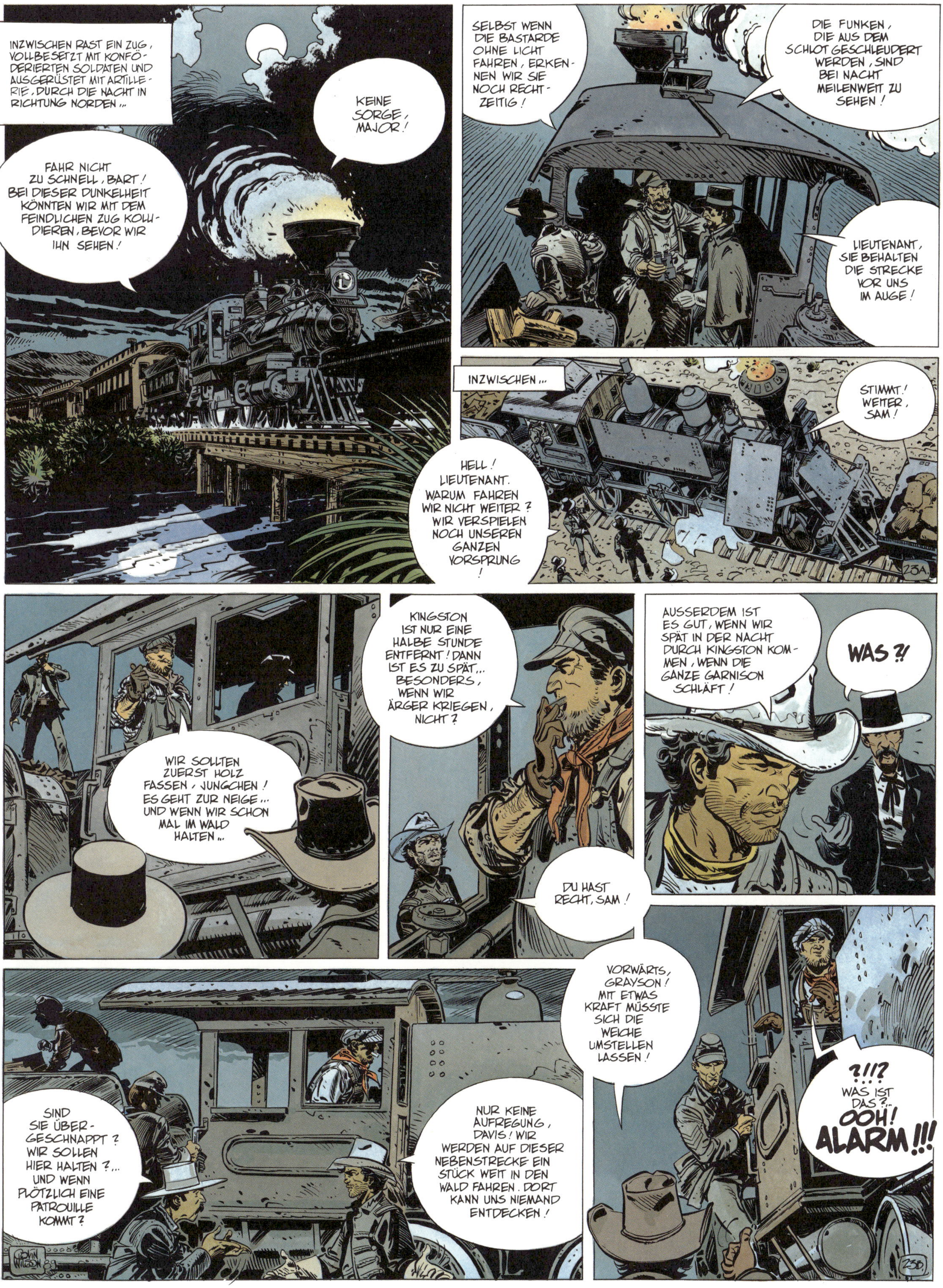
INZWISCHEN RAST EIN ZUG, VOLLBESETZT MIT KONFÖDERIERTEN SOLDATEN UND AUSGERÜSTET MIT ARTILLERIE, DURCH DIE NACHT IN RICHTUNG NORDEN...
KEINE SORGE, MAJOR!
FAHR NICHT ZU SCHNELL, BART! BEI DIESER DUNKELHEIT KÖNNTEN WIR MIT DEM FEINDLICHEN ZUG KOLLIDIEREN, BEVOR WIR IHN SEHEN!
SELBST WENN DIE BASTARDE OHNE LICHT FAHREN, ERKENNEN WIR SIE NOCH RECHTZEITIG!
DIE FUNKEN, DIE AUS DEM SCHLOT GESCHLEUDERT WERDEN, SIND BEI NACHT MEILENWEIT ZU SEHEN!
LIEUTENANT, SIE BEHALTEN DIE STRECKE VOR UNS IM AUGE!
INZWISCHEN...
STIMMT! WEITER, SAM!
HELL! LIEUTENANT. WARUM FAHREN WIR NICHT WEITER? WIR VERSPIELEN NOCH UNSEREN GANZEN VORSPRUNG!
WIR SOLLTEN ZUERST HOLZ FASSEN, JUNGCHEN! ES GEHT ZUR NEIGE... UND WENN WIR SCHON MAL IM WALD HALTEN...
KINGSTON IST NUR EINE HALBE STUNDE ENTFERNT! DANN IST ES ZU SPÄT... BESONDERS, WENN WIR ÄRGER KRIEGEN, NICHT?
DU HAST RECHT, SAM!
AUSSERDEM IST ES GUT, WENN WIR SPÄT IN DER NACHT DURCH KINGSTON KOMMEN, WENN DIE GANZE GARNISON SCHLÄFT!
WAS?!
SIND SIE ÜBERGESCHNAPPT? WIR SOLLEN HIER HALTEN?... UND WENN PLÖTZLICH EINE PATROUILLE KOMMT?
NUR KEINE AUFREGUNG, DAVIS! WIR WERDEN AUF DIESER NEBENSTRECKE EIN STÜCK WEIT IN DEN WALD FAHREN. DORT KANN UNS NIEMAND ENTDECKEN!
VORWÄRTS, GRAYSON! MIT ETWAS KRAFT MÜSSTE SICH DIE WEICHE UMSTELLEN LASSEN!
?!!? WAS IST DAS?.. OOH! ALARM!!!

DIESER FEUERSCHEIN AM HORIZONT! DAS KÖNNEN NUR DIE FUNKEN AUS DEM SCHLOT EINER LOK SEIN!... DA KOMMT EIN ZUG!
OHNE ZWEIFEL! ZUM GLÜCK IST DER ZUG NOCH WEIT ENTFERNT! UNS BLEIBT GENÜGEND ZEIT!
DAMN IT!... GRAYSON! ALLE MANN AN DIE ARBEIT! SCHNELL!
SIE WISSEN IN KINGSTON ALSO BESCHEID!
EINIGE MEILEN ENTFERNT KOMMT DER SÜDSTAATEN-ZUG NUR LANGSAM VORAN...
ZUR HÖLLE! WIR SCHLEICHEN WIE EINE SCHNECKE, SEIT WIR DIE LATERNE GELÖSCHT HABEN!
SIE HÄTTE UNS ZU FRÜH VERRATEN!
UND BEI DIESER DUNKELHEIT WÄRE ES WAHNSINN, SCHNELLER ZU FAHREN! MAN SIEHT KAUM ZWANZIG YARDS(1)!
(1) ETWA 20 METER.
24A
INZWISCHEN...
LIEUTENANT! GESCHAFFT! MIT ETWAS ÖL UND SANFTER GEWALT LIESS SICH DIE WEICHE ÜBERREDEN ZU FUNKTIONIEREN!
GUTE ARBEIT, JUNGS!... SAM!... FAHR DEN ZUG EIN STÜCK IN DEN WALD HINEIN! UND DECK DEN SCHLOT AB, DAMIT MAN DIE FUNKEN NICHT SIEHT...!
SCHNELL! DIE REBELLEN SIND SCHON GEFÄHRLICH NAHE!
GRAYSON! SOBALD SAM DURCH IST, STELLEN SIE DIE WEICHE WIEDER UM!... UND TARNEN SIE DIE SCHIENEN DER NEBENSTRECKE MIT ERDE UND ZWEIGEN!
UND BALD...
SO MÜSSTE ES GEHEN! DIE ABZWEIGUNG IST NICHT MEHR ZU SEHEN!
24B

INZWISCHEN HAT SAM SEINEN ZUG IM WALD ANGEHALTEN ...
GUS! SCHNELL! MACH DIE KLAPPE DES KESSELS ZU, UND DECK DEN SCHLOT MIT EINEM NASSEN SACK AB!
EINE MINUTE SPÄTER ...
IM SELBEN MOMENT ...
ACHTUNG! IN DECKUNG! DA SIND DIE REBELLEN!
EIN TRUPPEN-TRANSPORT! DER WURDE MIT SICHERHEIT LOSGESCHICKT, UM UNS UNTERWEGS ABZUFANGEN!
KURZ DARAUF FÄHRT DER FEINDLICHE ZUG AUF DER HAUPTSTRECKE VORBEI ...
25A
UFF! NICHT MAL DER AUSGUCK HAT BEMERKT, DASS HIER EINE WEICHE IST!
GRAYSON! SORGEN SIE DAFÜR, DASS DAS DING WIEDER UMGESTELLT WIRD, DAMIT WIR WEITERFAHREN KÖNNEN!
SCHICKEN SIE EINEN BOTEN ZU SAM, DAMIT ER WEISS, DASS ER ZURÜCKKOMMEN KANN, SOBALD SEIN HOLZVORRAT ERGÄNZT IST!
INZWISCHEN SIND DIE REBELLEN WEITERHIN AHNUNGSLOS AUF DEM WEG IN RICHTUNG NORDEN ...
MAJOR! WIR STOPPEN IN ADAIRSVILLE! VIELLEICHT TREFFEN WIR DORT AUF DEN ZUG DIESER YANKEES ...!
WEIT KANN ER NICHT SEIN! ER MUSS RESECA SCHON HINTER SICH HABEN, DENN BIS DORT SIND DIE TELEGRAPHENLEITUNGEN ZERSTÖRT!
25B

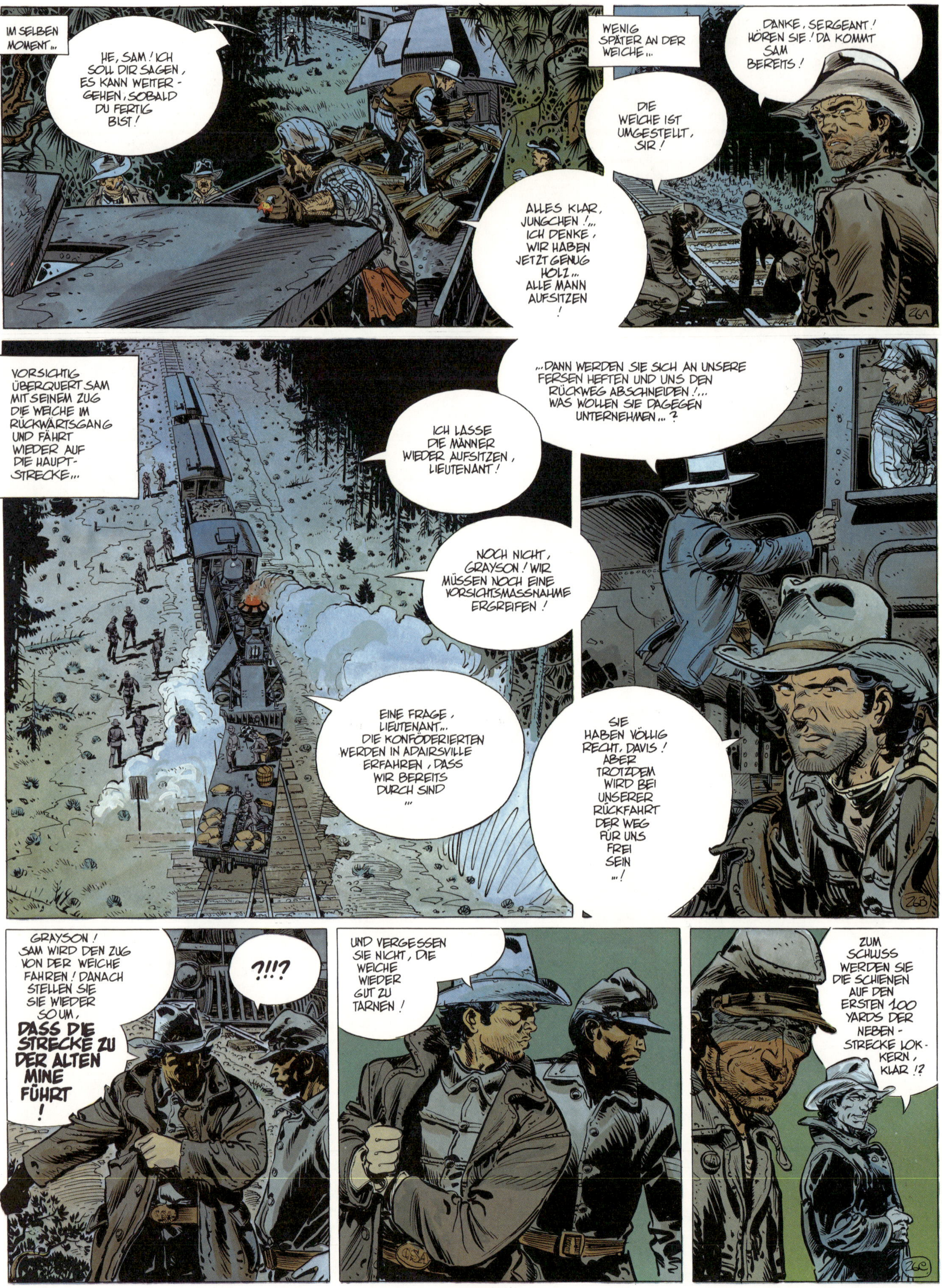
IM SELBEN MOMENT...
HE, SAM! ICH SOLL DIR SAGEN, ES KANN WEITERGEHEN, SOBALD DU FERTIG BIST!
ALLES KLAR, JUNGCHEN!... ICH DENKE, WIR HABEN JETZT GENUG HOLZ... ALLE MANN AUFSITZEN!
WENIG SPÄTER AN DER WEICHE...
DIE WEICHE IST UMGESTELLT, SIR!
DANKE, SERGEANT! HÖREN SIE! DA KOMMT SAM BEREITS!
VORSICHTIG ÜBERQUERT SAM MIT SEINEM ZUG DIE WEICHE IM RÜCKWÄRTSGANG UND FÄHRT WIEDER AUF DIE HAUPTSTRECKE...
ICH LASSE DIE MÄNNER WIEDER AUFSITZEN, LIEUTENANT!
NOCH NICHT, GRAYSON! WIR MÜSSEN NOCH EINE VORSICHTSMASSNAHME ERGREIFEN!
EINE FRAGE, LIEUTENANT... DIE KONFÖDERIERTEN WERDEN IN ADAIRSVILLE ERFAHREN, DASS WIR BEREITS DURCH SIND...
...DANN WERDEN SIE SICH AN UNSERE FERSEN HEFTEN UND UNS DEN RÜCKWEG ABSCHNEIDEN!... WAS WOLLEN SIE DAGEGEN UNTERNEHMEN...?
SIE HABEN VÖLLIG RECHT, DAVIS! ABER TROTZDEM WIRD BEI UNSERER RÜCKFAHRT DER WEG FÜR UNS FREI SEIN...!
GRAYSON! SAM WIRD DEN ZUG VON DER WEICHE FAHREN! DANACH STELLEN SIE SIE WIEDER SO UM, DASS DIE STRECKE ZU DER ALTEN MINE FÜHRT!
?!!?
UND VERGESSEN SIE NICHT, DIE WEICHE WIEDER GUT ZU TARNEN!
ZUM SCHLUSS WERDEN SIE DIE SCHIENEN AUF DEN ERSTEN 100 YARDS DER NEBENSTRECKE LOKKERN, KLAR!?

WENN DIE REBELLEN UNS VERFOLGEN, WERDEN SIE EIN ZIEMLICHES TEMPO HABEN, WEIL SIE UNS VOR KINGSTON ERWISCHEN WOLLEN.
IN DER DUNKELHEIT WIRD DER LOKFÜHRER DIE GETARNTE WEICHE VIEL ZU SPÄT ERKENNEN!
UND BEVOR ER REAGIEREN KANN, WIRD DER ZUG AUF DIE NEBENSTRECKE RASEN!
BEVOR ER DAZU KOMMT, ABZUBREMSEN, IST ER SCHON IN DEM VON UNS SABOTIERTEN ABSCHNITT!
LIEUTENANT! SIE SIND EIN TEUFEL!
DIE SCHIENEN SIND LOCKER, SIR! MAN SIEHT NICHTS, ABER BEI DER GERINGSTEN BELASTUNG WERDEN SIE NACHGEBEN!
27A
OKAY, SERGEANT! ALLE MANN IN DEN ZUG, WIR FAHREN WEITER...!
LEIDER HAT UNS DAS ALLES WIEDER EINE MENGE WERTVOLLER ZEIT GEKOSTET!
STIMMT! ABER WIR HATTEN KEINE WAHL, WENN WIR NICHT RISKIEREN WOLLEN, DASS UNS DIE REBS IN DEN RÜCKEN FALLEN!
UND DIE HAUPTSTRECKE BLEIBT SO FREI FÜR UNSEREN RÜCKZUG! EIN GENIALER PLAN, MIKE!
DA FÄLLT MIR EIN... GRAYSON, LASSEN SIE IHRE MÄNNER NOCH SCHNELL DIE TELEGRAPHENMASTEN KAPPEN!
WAS...?!
DAS IST DOCH NUN WIRKLICH EIN UNNÖTIGER ZEITVERLUST... DER FEIND WEISS DOCH LÄNGST ÜBER UNS BESCHEID...
JA, ABER WENN DIE REBELLEN MERKEN, DASS WIR BEREITS HINTER IHNEN SIND, WILL ICH VERMEIDEN, DASS SIE KINGSTON INFORMIEREN, WANN WIR ETWA EINTREFFEN WERDEN!
27B

EINIGE MINUTEN SPÄTER, NACHDEM ALLE MÄNNER WIEDER AUFGESESSEN SIND, SETZT DER ZUG SEINE FAHRT FORT...
DIESE PAAR HÜTTEN DORT DRÜBEN GEHÖREN ZU EINEM ORT NAMENS CLEMENTI !... JETZT SIND ES NUR NOCH DREI MEILEN BIS KINGSTON !
DOCH IN KINGSTON, IM BÜRO VON GENERAL MAC LAUGHLIN, DEM OBERKOMMANDIERENDEN DIESES ABSCHNITTS, DER VOR EINIGEN STUNDEN DAS TELEGRAMM AUS GENERAL BRIGGS LAGER ERHIELT...
WAS HALTEN SIE DAVON, SPENCER ?
ICH WEISS NICHT, SIR !... ICH BIN AUF SPEKULATIONEN ANGEWIESEN !
UND WAS SPEKULIEREN SIE ?
NUN JA... WAS WÄRE, WENN DER ZUG MIT O'BRIANS MÄNNERN GAR NICHT AUF DEN ZUG DIESER YANKEES TRIFFT ?
DAS HALTE ICH FÜR AUSGESCHLOSSEN ! DIE ECHTHEIT DES TELEGRAMMS, DAS WIR ERHIELTEN, IST ZWEIFELSFREI ERWIESEN !
WENN ES SO WÄRE, WÜRDE ER SOFORT UMKEHREN... AUSSERDEM HÄTTE UNS DER MAJOR TELEGRAPHISCH BENACHRICHTIGT, DASS ES DIESEN ZUG NICHT GIBT !
FALLS DIE TELEGRAPHENLEITUNGEN NOCH FUNKTIONIEREN, SIR ! WISSEN SIE, ICH HABE NACHGEDACHT UND DIE KARTE STUDIERT...
ES GIBT ZWISCHEN HIER UND ADAIRSVILLE EIN ODER ZWEI ALTE NEBENSTRECKEN, DIE ZU STILLGELEGTEN MINEN FÜHREN ! DORT KÖNNTEN SICH DIE YANKEES LEICHT VERSTECKEN UND ABWARTEN, BIS UNSER ZUG DIE HAUPTSTRECKE PASSIERT HAT. O'BRIAN WÜRDE NICHT MERKEN, DASS DER FEIND NUN HINTER IHM IST !
DAMN ! DAS WÄRE IM BEREICH DES MÖGLICHEN !
NICHT EINMAL UNWAHRSCHEINLICH... WAS SCHLAGEN SIE VOR, SPENCER ?
KINGSTON IST EIN EISENBAHNKNOTENPUNKT, SIR !... WENN ES DIESE VERDAMMTEN SABOTEURE BIS HIERHER SCHAFFEN, BRAUCHEN WIR SIE NUR IRGENDWOHIN UMZULEITEN, WO WIR IHNEN EINEN HEISSEN EMPFANG BEREITEN KÖNNEN !
ICH VERSTEHE ! WIR KÖNNEN SIE AUF JEDES BELIEBIGE ABSTELLGLEIS UMLEITEN, AN DESSEN ENDE UNSERE LEUTE SIE ERWARTEN !... WORAUF WARTEN SIE, SPENCER ? ANGENOMMEN, SIE HABEN RECHT, DANN BLEIBT UNS NICHT MEHR VIEL ZEIT FÜR VORBEREITUNGEN !
ZU BEFEHL, GENERAL !

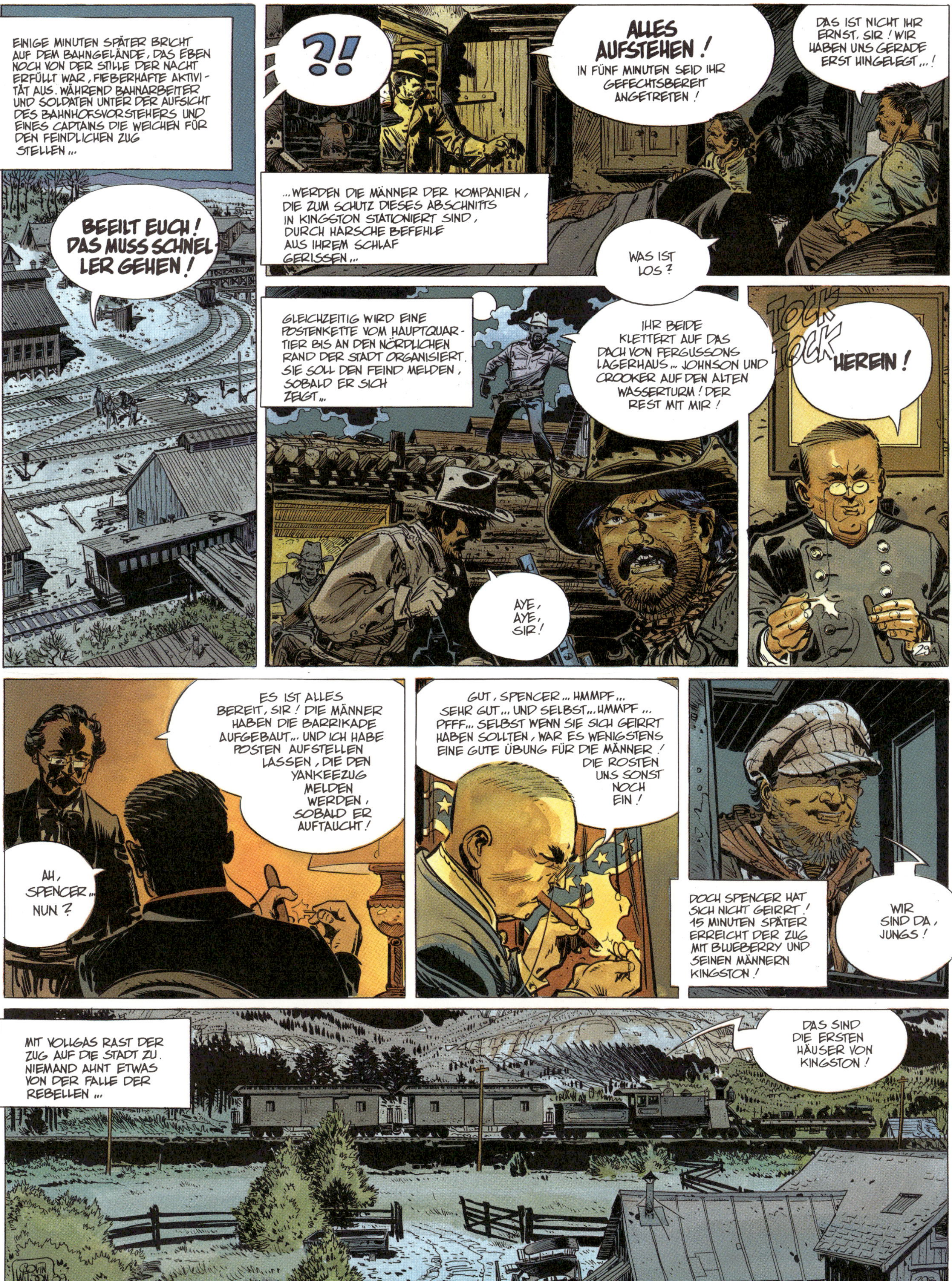

EINIGE MINUTEN SPÄTER BRICHT AUF DEM BAHNGELÄNDE, DAS EBEN NOCH VON DER STILLE DER NACHT ERFÜLLT WAR, FIEBERHAFTE AKTIVITÄT AUS. WÄHREND BAHNARBEITER UND SOLDATEN UNTER DER AUFSICHT DES BAHNHOFSVORSTEHERS UND EINES CAPTAINS DIE WEICHEN FÜR DEN FEINDLICHEN ZUG STELLEN ...
BEEILT EUCH! DAS MUSS SCHNELLER GEHEN!
?!
ALLES AUFSTEHEN! IN FÜNF MINUTEN SEID IHR GEFECHTSBEREIT ANGETRETEN!
DAS IST NICHT IHR ERNST, SIR! WIR HABEN UNS GERADE ERST HINGELEGT ...!
... WERDEN DIE MÄNNER DER KOMPANIEN, DIE ZUM SCHUTZ DIESES ABSCHNITTS IN KINGSTON STATIONIERT SIND, DURCH HARSCHE BEFEHLE AUS IHREM SCHLAF GERISSEN ...
WAS IST LOS?
GLEICHZEITIG WIRD EINE POSTENKETTE VOM HAUPTQUARTIER BIS AN DEN NÖRDLICHEN RAND DER STADT ORGANISIERT. SIE SOLL DEN FEIND MELDEN, SOBALD ER SICH ZEIGT ...
IHR BEIDE KLETTERT AUF DAS DACH VON FERGUSSONS LAGERHAUS ... JOHNSON UND CROOKER AUF DEN ALTEN WASSERTURM! DER REST MIT MIR!
AYE, AYE, SIR!
TOCK TOCK
HEREIN!
ES IST ALLES BEREIT, SIR! DIE MÄNNER HABEN DIE BARRIKADE AUFGEBAUT ... UND ICH HABE POSTEN AUFSTELLEN LASSEN, DIE DEN YANKEEZUG MELDEN WERDEN, SOBALD ER AUFTAUCHT!
AH, SPENCER ... NUN?
GUT, SPENCER ... HMMPF ... SEHR GUT ... UND SELBST ... HMMPF ... PFFF ... SELBST WENN SIE SICH GEIRRT HABEN SOLLTEN, WAR ES WENIGSTENS EINE GUTE ÜBUNG FÜR DIE MÄNNER! DIE ROSTEN UNS SONST NOCH EIN!
DOCH SPENCER HAT SICH NICHT GEIRRT! 15 MINUTEN SPÄTER ERREICHT DER ZUG MIT BLUEBERRY UND SEINEN MÄNNERN KINGSTON!
WIR SIND DA, JUNGS!
MIT VOLLGAS RAST DER ZUG AUF DIE STADT ZU. NIEMAND AHNT ETWAS VON DER FALLE DER REBELLEN ...
DAS SIND DIE ERSTEN HÄUSER VON KINGSTON!

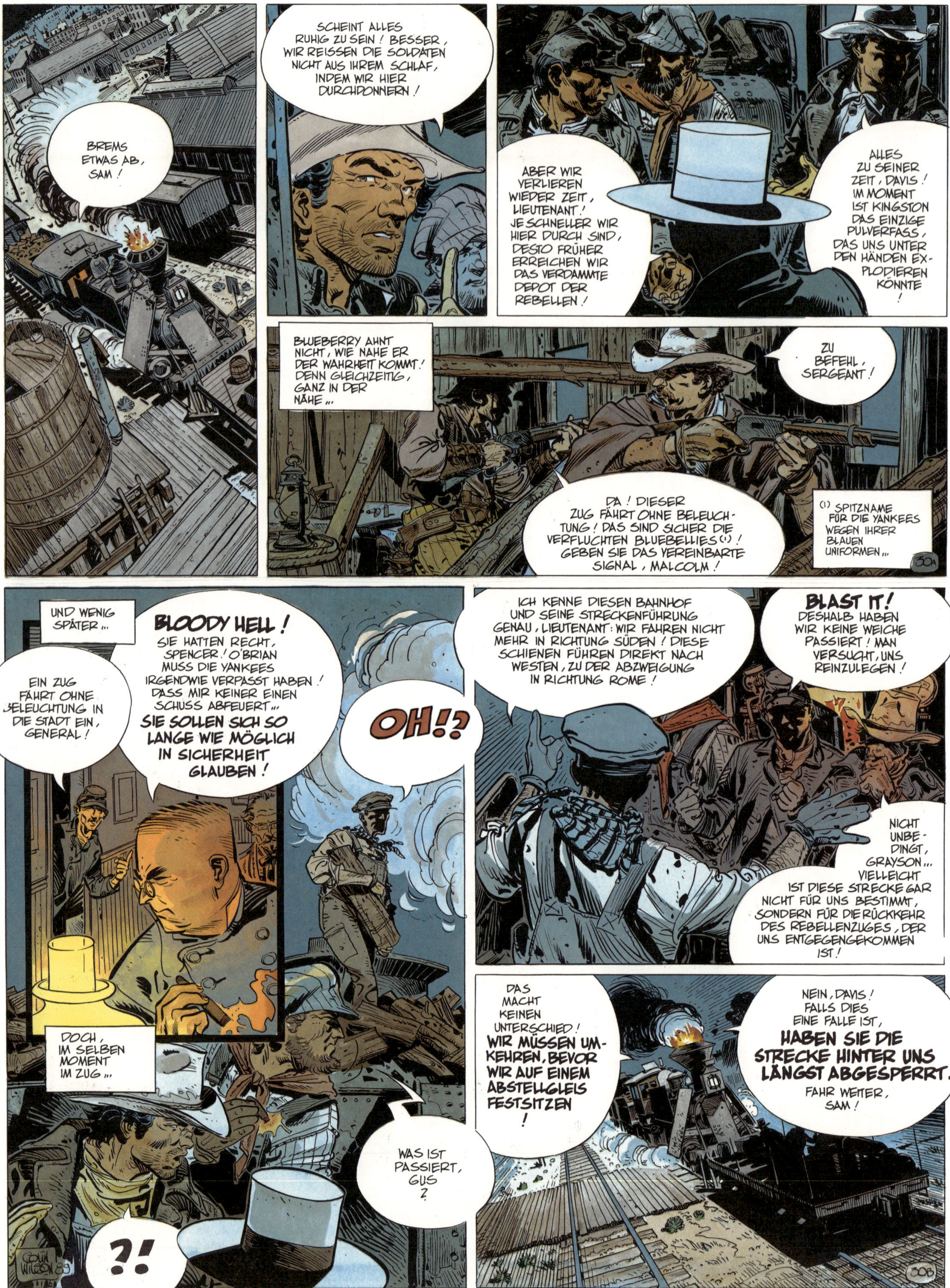
BREMS ETWAS AB, SAM!
SCHEINT ALLES RUHIG ZU SEIN! BESSER, WIR REISSEN DIE SOLDATEN NICHT AUS IHREM SCHLAF, INDEM WIR HIER DURCHDONNERN!
ABER WIR VERLIEREN WIEDER ZEIT, LIEUTENANT! JE SCHNELLER WIR HIER DURCH SIND, DESTO FRÜHER ERREICHEN WIR DAS VERDAMMTE DEPOT DER REBELLEN!
ALLES ZU SEINER ZEIT, DAVIS! IM MOMENT IST KINGSTON DAS EINZIGE PULVERFASS, DAS UNS UNTER DEN HÄNDEN EXPLODIEREN KÖNNTE!
BLUEBERRY AHNT NICHT, WIE NAHE ER DER WAHRHEIT KOMMT! DENN GLEICHZEITIG, GANZ IN DER NÄHE ...
ZU BEFEHL, SERGEANT!
DA! DIESER ZUG FÄHRT OHNE BELEUCHTUNG! DAS SIND SICHER DIE VERFLUCHTEN BLUEBELLIES(1)! GEBEN SIE DAS VEREINBARTE SIGNAL, MALCOLM!
(1) SPITZNAME FÜR DIE YANKEES WEGEN IHRER BLAUEN UNIFORMEN ...
30A
UND WENIG SPÄTER ...
EIN ZUG FÄHRT OHNE BELEUCHTUNG IN DIE STADT EIN, GENERAL!
BLOODY HELL! SIE HATTEN RECHT, SPENCER! O'BRIAN MUSS DIE YANKEES IRGENDWIE VERPASST HABEN! DASS MIR KEINER EINEN SCHUSS ABFEUERT ... SIE SOLLEN SICH SO LANGE WIE MÖGLICH IN SICHERHEIT GLAUBEN!
OH!?
DOCH, IM SELBEN MOMENT IM ZUG ...
WAS IST PASSIERT, GUS?
?!
ICH KENNE DIESEN BAHNHOF UND SEINE STRECKENFÜHRUNG GENAU, LIEUTENANT: WIR FAHREN NICHT MEHR IN RICHTUNG SÜDEN! DIESE SCHIENEN FÜHREN DIREKT NACH WESTEN, ZU DER ABZWEIGUNG IN RICHTUNG ROME!
BLAST IT! DESHALB HABEN WIR KEINE WEICHE PASSIERT! MAN VERSUCHT, UNS REINZULEGEN!
NICHT UNBEDINGT, GRAYSON ... VIELLEICHT IST DIESE STRECKE GAR NICHT FÜR UNS BESTIMMT, SONDERN FÜR DIE RÜCKKEHR DES REBELLENZUGES, DER UNS ENTGEGENGEKOMMEN IST!
DAS MACHT KEINEN UNTERSCHIED! WIR MÜSSEN UMKEHREN, BEVOR WIR AUF EINEM ABSTELLGLEIS FESTSITZEN!
NEIN, DAVIS! FALLS DIES EINE FALLE IST, HABEN SIE DIE STRECKE HINTER UNS LÄNGST ABGESPERRT! FAHR WEITER, SAM!
30B
COLIN WILSON 89

ABER WOHIN ?... WENN ES STIMMT, WAS SIE SAGEN, SITZEN WIR MÄCHTIG IN DER PATSCHE, JUNGCHEN !
BIS ZUR NÄCHSTEN ABZWEIGUNG !
DORT WERDEN WIR VERSUCHEN, UNS SELBSTÄNDIG ZU MACHEN UND DIE HAUPTSTRECKE WIEDERZUFINDEN !
ES KANN GLEICH LOSGEHEN, LIEUTENANT ! DA VORNE IST EINE WEICHE. VIELLEICHT KOMMEN WIR DA WIEDER AUF DEN RICHTIGEN WEG !
SEHR GUT ! GRAYSON, NEHMEN SIE DREI MÄNNER UND STELLEN SIE DIE WEICHE UM ! BEEILUNG !
ZU BEFEHL !
DOCH GERADE ALS DER ZUG MIT KREISCHENDEN BREMSEN FUNKENSPRÜHEND ZUM STEHEN KOMMT...
CRIIIII
...ERÖFFNEN DIE REBELLEN AUS DEN GEBÄUDEN ENTLANG DER SCHIENEN DAS FEUER...
FEUER !
PAW
AAAH !
PAW PAW
VORSICHT ! IN DECKUNG ! KEINER VERLÄSST DEN WAGGON !
DIE ERSTEN MÄNNER, DIE AUS DEM WAGGON SPRANGEN, WERDEN GENAU SO WEGGEFEGT WIE DIE KANONIERE VOR DER LOK...
UNTER DEM INFERNALISCHEN KUGELHAGEL DER REBELLEN NIMMT DER ZUG LANGSAM WIEDER FAHRT AUF...
BLAM !
BLAM !
BLOODY HELL ! SPRINGEN SIE AUF, GRAYSON ! SCHNELL !
MEINE HAND, LIEUTENANT ! NEHMEN SIE MEINE HAND !
PAW
PAW PAW
PAW

DANKE, GUS, ICH...
PAW
GUS!
HELFEN SIE MIR, GRAYSON!
LEHNEN WIR IHN GEGEN DIE WAND DES TENDERS, SCHNELL!
DAMN!
ES HAT IHN BÖSE ERWISCHT!
ER IST NICHT DER EINZIGE! WIR HABEN DREI MÄNNER DA DRAUSSEN VERLOREN... UND DAZU DIE KANONIERE!
WIR HABEN MITTEN IN EIN WESPENNEST GESTOCHEN! ZUR HÖLLE MIT DIESEN VERFLUCHTEN REBELLEN!
GENAU DAHIN WERDEN WIR SIE SCHICKEN, DAVIS...
DOCH ALS DER ZUG UM DIE NÄCHSTE KURVE BIEGT...
... DIE FRAGE IST NUR, OB SIE DIESE REISE MIT ODER OHNE UNS UNTER-NEHMEN.
ZWEIHUNDERT METER WEITER VORNE AUF DER STRECKE...
ES IST SOWEIT, CAPTAIN!
DA KOMMT DER ZUG DER YANKEES!
GEBEN SIE GENERAL MAC LAUGHLIN BESCHEID, DASS ER IHNEN DEN RÜCKWEG ABSCHNEIDEN SOLL!
AYE, AYE, SIR!
DOCH AUF DER LOKOMOTIVE...
MY GOD!

HEY!
WAS MACHST DU, SAM? WARUM HÄLTST DU SCHON WIEDER?
CRIIIII
DIE REISE ENDET HIER, LIEUTENANT! DIESE SCHIENEN FÜHREN AUF EIN ABSTELLGLEIS, UND DIE JUNGS, DIE DORT WARTEN, SIND NICHT HIER, UM UNS DEN YANKEE-DOODLE ZU SINGEN!
TEUFEL! FAHR LANGSAM ZURÜCK! ES GIBT NUR EINE LÖSUNG!
33A
INZWISCHEN, HINTER DER BARRIKADE...
WAS IST, CAPTAIN? WO BLEIBT DENN DER ZUG?
SIE HABEN DREIHUNDERT YARDS(1) VOR UNS GESTOPPT, GENERAL! ICH NEHME AN, SIE ÜBERLEGEN SICH GERADE, WIE SIE SICH UNS AUF EHRENHAFTE WEISE ERGEBEN KÖNNEN UND...
NEIN! SEHEN SIE! DER ZUG SETZT ZURÜCK!
(1) ETWA DREIHUNDERT METER.
TATSÄCHLICH!... LANGSAM SETZT SICH DER ZUG IN DIE RICHTUNG IN BEWEGUNG, AUS DER ER GEKOMMEN IST...
WIR SIND UNS ALSO EINIG: SOBALD DER ZUG LANGSAMER WIRD, SPRINGEN DIE MÄNNER AB UND SCHLAGEN SICH EINZELN DURCH! MIT ETWAS GLÜCK WERDEN ES DIE MEISTEN VON IHNEN SCHAFFEN!
WIR TREFFEN UNS IN ETWA EINER STUNDE AM SÜDLICHEN ENDE DER STADT. DIE LEUTE SOLLEN VERSUCHEN, EIN PAAR PFERDE ZU ERWISCHEN!
DAS KÖNNTE KLAPPEN! MIT UNSEREN UNIFORMEN UND BEI DIESEM DURCHEINANDER FALLEN WIR IN DER DUNKELHEIT UNTER DEN REBELLEN VIELLEICHT NICHT AUF!
GUT! ICH DENKE, ES WIRD ZEIT! DIE GRAUEN WERDEN UNS NICHT UNGESTÖRT BIS CHATTANOOGA DURCHFAHREN LASSEN!
ZU BEFEHL!
33B
UND GLEICH DARAUF...
WIR WERDEN UNS ETWAS DIE BEINE VERTRETEN! SAGEN SIE ES DEN LEUTEN IM WAGGON!
WAS IST LOS, SERGEANT?
IM FÜHRERSTAND DER LOKOMOTIVE...
ES WIRD HÖCHSTE ZEIT, DASS IHR VERSCHWINDET, SAM! UND VERGESST GUS NICHT...
NEIN, ICH BLEIBE... DAS IST MEINE LOKOMOTIVE! DU KANNST NICHT MIT IHR UMGEHEN, KLEINER!
UND DU BIST NICHT FLINK GENUG, UM RECHTZEITIG ABZUSPRINGEN, BEVOR DEINE LOK DEN REBS FEUER UNTER DEM HINTERN MACHT!
?!
IHR BRAUCHT EUCH NICHT ZU STREITEN, JUNGS... ICH WERDE DIE LULU BELLE FAHREN!
33C

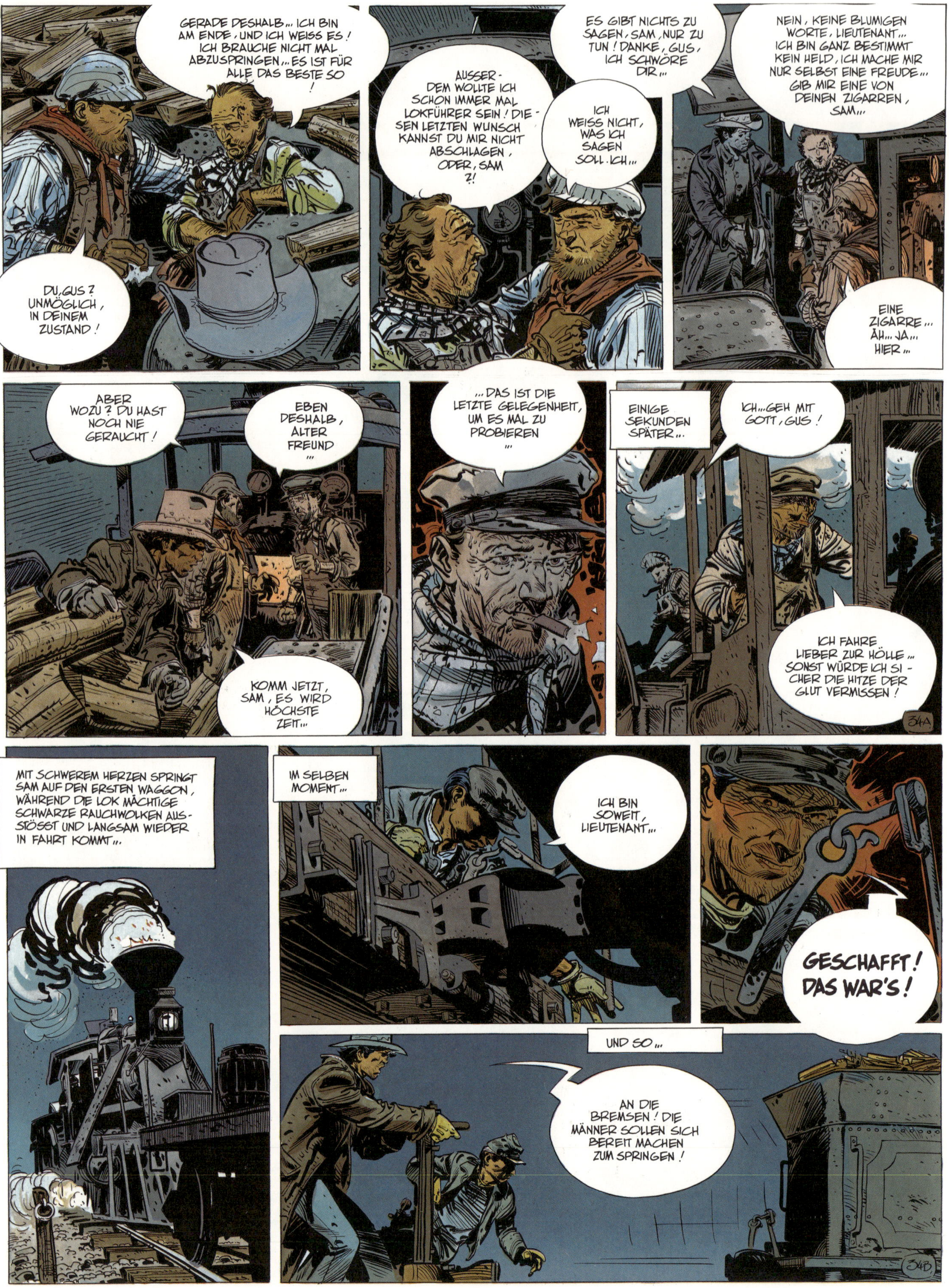
GERADE DESHALB... ICH BIN AM ENDE, UND ICH WEISS ES! ICH BRAUCHE NICHT MAL ABZUSPRINGEN... ES IST FÜR ALLE DAS BESTE SO!
DU, GUS? UNMÖGLICH, IN DEINEM ZUSTAND!
AUSSERDEM WOLLTE ICH SCHON IMMER MAL LOKFÜHRER SEIN! DIESEN LETZTEN WUNSCH KANNST DU MIR NICHT ABSCHLAGEN, ODER, SAM?!
ICH WEISS NICHT, WAS ICH SAGEN SOLL. ICH...
ES GIBT NICHTS ZU SAGEN, SAM, NUR ZU TUN! DANKE, GUS, ICH SCHWÖRE DIR...
NEIN, KEINE BLUMIGEN WORTE, LIEUTENANT... ICH BIN GANZ BESTIMMT KEIN HELD, ICH MACHE MIR NUR SELBST EINE FREUDE... GIB MIR EINE VON DEINEN ZIGARREN, SAM...
EINE ZIGARRE... ÄH... JA... HIER...
ABER WOZU? DU HAST NOCH NIE GERAUCHT!
EBEN DESHALB, ALTER FREUND...
KOMM JETZT, SAM, ES WIRD HÖCHSTE ZEIT...
...DAS IST DIE LETZTE GELEGENHEIT, UM ES MAL ZU PROBIEREN...
EINIGE SEKUNDEN SPÄTER...
ICH... GEH MIT GOTT, GUS!
ICH FAHRE LIEBER ZUR HÖLLE... SONST WÜRDE ICH SICHER DIE HITZE DER GLUT VERMISSEN!
MIT SCHWEREM HERZEN SPRINGT SAM AUF DEN ERSTEN WAGGON, WÄHREND DIE LOK MÄCHTIGE SCHWARZE RAUCHWOLKEN AUSSTÖSST UND LANGSAM WIEDER IN FAHRT KOMMT...
IM SELBEN MOMENT...
ICH BIN SOWEIT, LIEUTENANT...
GESCHAFFT! DAS WAR'S!
UND SO...
AN DIE BREMSEN! DIE MÄNNER SOLLEN SICH BEREIT MACHEN ZUM SPRINGEN!

WIE VON EINER SCHWEREN LAST BEFREIT, SCHIESST DIE LOKOMOTIVE NACH VORNE...
GUS' OPFER SOLL NICHT UMSONST SEIN, JUNGS!
DEN VERWAISTEN WAGGON MIT DER KANONE VOR SICH HERSCHIEBEND, NIMMT SIE IMMER MEHR FAHRT AUF. DIE LETZTEN 200 METER BIS ZU IHRER ENDGÜLTIGEN ENDSTATION ...
INZWISCHEN SIND DIE WAGGONS ZUM STEHEN GEKOMMEN, UND ES DAUERT EINIGE SEKUNDEN, BIS DIE REBELLEN DIE SITUATION BEGREIFEN...
BLAM
BLAM
BLAM
BLAM
RAUS JETZT! SCHNELL!!
JEDER FÜR SICH SUCHEN BLUEBERRYS MÄNNER EINEN WEG AUS DER FALLE...
BLAM
BLAM
BLAM
BLAM
BLAM
BLAM
BLAM
BLAM
BLAM
...WÄHREND GLEICHZEITIG HINTER DER BARRIKADE AM ENDE DES ABSTELLGLEISES...
DA IST DER ZUG WIEDER, GENERAL!
ABER... NEIN!!!
ES...ES IST NUR DIE LOKOMOTIVE UND DER WAGGON MIT DER KANONE...SIE KOMMEN DIREKT AUF UNS ZU...GLEICH GIBT ES HIER KLEINHOLZ!
IM NÄCHSTEN MOMENT BRICHT PANIK AUS! DIE SOLDATEN DENKEN NICHT DARAN, IHRE GESCHÜTZE ABZUFEUERN, SONDERN SUCHEN IHR HEIL IN KOPFLOSER FLUCHT...
RETTE SICH, WER KANN!
IN DECKUNG!
DOCH ES IST ZU SPÄT!

BEI SEINER ERSTEN UND LETZTEN FAHRT ALS LOKFÜHRER HÄLT GUS DEN FAHRPLAN EIN ...
TOOOT TOOOT
ICH... ICH HAB MICH SCHON IMMER GEFRAGT, WAS SAM AN DIESEN STINKENDEN STUMPEN FINDET...
SCHAUDERHAFT! DAS WAR BESTIMMT DAS LETZTE MAL, DASS ICH EINE ZIGARRE ANRÜHRE ...
DIE TONNENSCHWERE MASCHINE FEGT DEN PUFFER AM ENDE DES ABSTELLGLEISES HINWEG UND FÄHRT WIE EIN WÜTENDER, FEUERSPEIENDER DRACHE ZWISCHEN DIE REBELLEN, DIE ES NICHT MEHR GESCHAFFT HABEN ZU FLIEHEN ...
GUS RICHTET DEN BLICK NACH VORNE. SEINE WUNDE SCHMERZT NICHT MEHR... ER FÜHLT NUR STOLZ, ALS **SEIN** ZUG DAS ZIEL ERREICHT!
ERST IN DEN TRÜMMERN EINER LAGERHALLE KOMMT DIE LOK ZUM STEHEN. IHRE GLÜHENDEN KOHLEN VERBREITEN EIN FLAMMENDES INFERNO...
... DAS SICH MIT RASENDER GESCHWINDIGKEIT VON EINEM GEBÄUDE DES BAHNHOFSGELÄNDES ZUM NÄCHSTEN FRISST...
FOR HIRE
FEUER! FEUER!
INZWISCHEN ...
GUS HAT DIE ENDSTATION ERREICHT...
JETZT KOMMT ES GANZ AUF UNS SELBST AN! WIR MÜSSEN... HE!

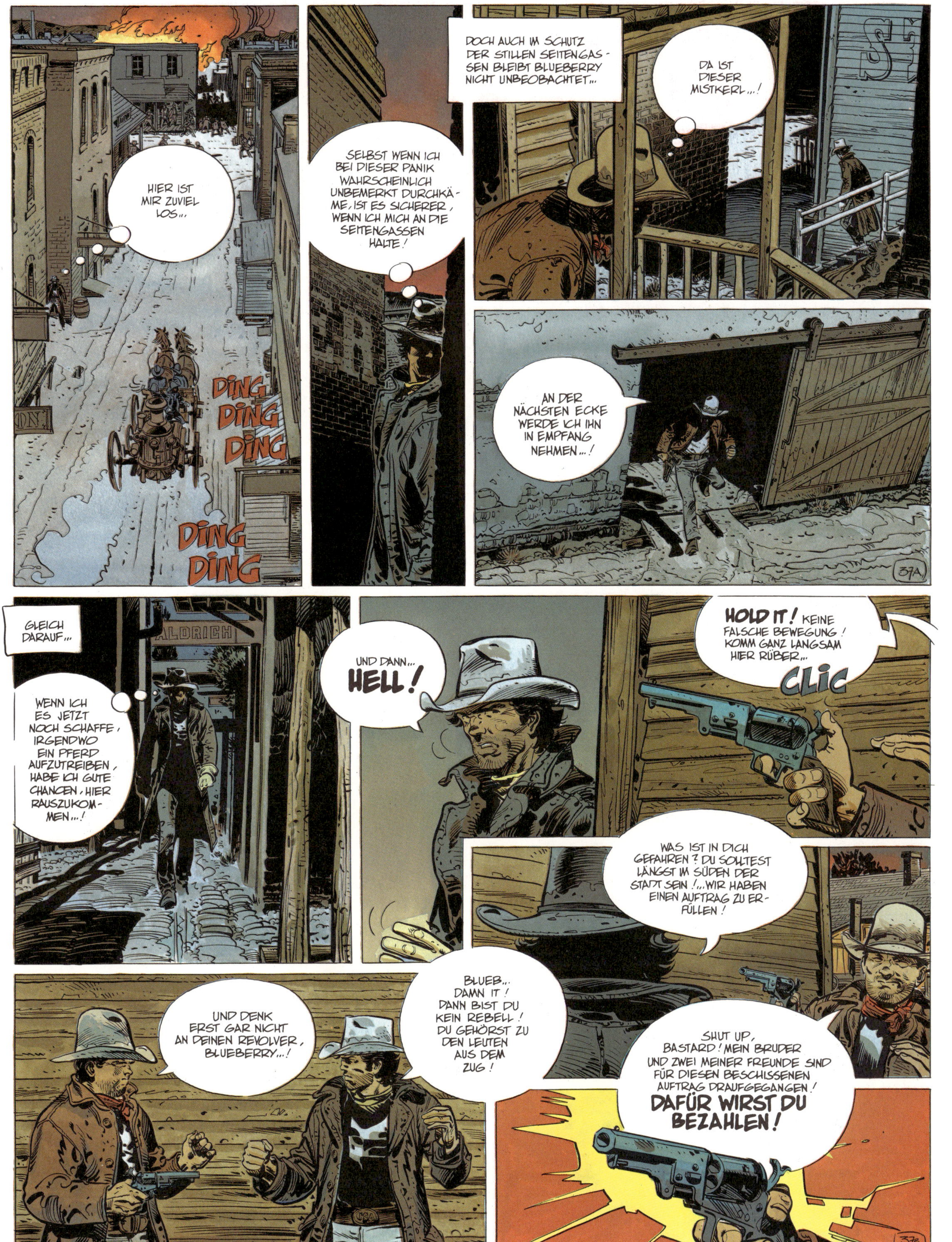
HIER IST MIR ZUVIEL LOS...
DING DING DING
DING DING
SELBST WENN ICH BEI DIESER PANIK WAHRSCHEINLICH UNBEMERKT DURCHKÄME, IST ES SICHERER, WENN ICH MICH AN DIE SEITENGASSEN HALTE!
DOCH AUCH IM SCHUTZ DER STILLEN SEITENGASSEN BLEIBT BLUEBERRY NICHT UNBEOBACHTET...
DA IST DIESER MISTKERL...!
AN DER NÄCHSTEN ECKE WERDE ICH IHN IN EMPFANG NEHMEN...!
GLEICH DARAUF...
WENN ICH ES JETZT NOCH SCHAFFE, IRGENDWO EIN PFERD AUFZUTREIBEN, HABE ICH GUTE CHANCEN, HIER RAUSZUKOMMEN...!
UND DANN... HELL!
HOLD IT! KEINE FALSCHE BEWEGUNG! KOMM GANZ LANGSAM HIER RÜBER...
CLIC
WAS IST IN DICH GEFAHREN? DU SOLLTEST LÄNGST IM SÜDEN DER STADT SEIN!... WIR HABEN EINEN AUFTRAG ZU ERFÜLLEN!
UND DENK ERST GAR NICHT AN DEINEN REVOLVER, BLUEBERRY...!
BLUEB... DAMN IT! DANN BIST DU KEIN REBELL! DU GEHÖRST ZU DEN LEUTEN AUS DEM ZUG!
SHUT UP, BASTARD! MEIN BRUDER UND ZWEI MEINER FREUNDE SIND FÜR DIESEN BESCHISSENEN AUFTRAG DRAUFGEGANGEN! DAFÜR WIRST DU BEZAHLEN!

GANZ IN DER NÄHE ...
BLAM! BLAM! BLAM!
?!
HE! HABEN SIE DAS GEHÖRT?
ALLERDINGS! VIELLEICHT HABEN SIE EIN PAAR VON DEN NORDSTAATLERN ERWISCHT! SEHEN WIR NACH!
SIE... SIE KOMMEN GERADE RECHTZEITIG, GRAYSON!
DEN EINDRUCK HABE ICH AUCH, SIR! ABER DIE SCHÜSSE WERDEN DIE REBELLEN ANLOCKEN WIE LICHT EINEN SCHWARM MOTTEN!
WAS HABE ICH GESAGT? DA SIND SIE SCHON! WEG HIER!
KOMMT NICHT IN FRAGE! DIES HIER IST EINE ART SCHACHSPIEL! UND SEIT DEM ERSTEN ZUG SPIELEN WIR WEISS... WIR MACHEN WEITER ...
ABER !!?
HOOOO!
HIERHER! HE! HIERHER!
WAS IST PASSIERT? WER HAT GESCHOSSEN?
EINER DIESER BLAURÖCKE HATTE UNS ÜBERRASCHT, ABER WIR KONNTEN IHN ÜBERWÄLTIGEN!
DIE YANKEES SUCHEN DAS MUNITIONSDEPOT, DAS FÜR GENERAL LANDBETTERS OFFENSIVE EINGERICHTET WURDE! ER WOLLTE EIN PFERD, UM NACH CARTERVILLE ZU REITEN ...
DAS DEPOT... DAS MUNITIONSDEPOT! HA! HA! HA!
?! IST BLUEBERRY ÜBERGESCHNAPPT?
CARTERVILLE... HA! HA! HA! HA! UND WARUM NICHT MARIETTA... ODER ATLANTA... HA! HA! HA!
?!

MIT DEN PINKERTONS KANN JA NICHT MEHR VIEL LOS SEIN, WENN SIE NICHT WISSEN, DASS DAS VERFLUCHTE DEPOT HIERHER NACH KINGSTON IN BAILEYS LAGERHALLEN VERLEGT WURDE! HABT IHR DEN BASTARD DURCHSUCHT?
STORES
ZUR HÖLLE! DAS DEPOT IST HIER IN DER STADT! DER TEUFEL IST MIT UNS!
NEIN, WIR HATTEN KEINE ZEIT... WENN SIE ES SELBST MACHEN WOLLEN...
ICH GLAUBE JA NICHT, DASS ES WAS BRINGT. SOLCHE TYPEN HABEN SELTEN WAS DABEI, WAS SIE VERRATEN KÖNNTE!
JEDENFALLS IST WIEDER EIN ARMES SCHWEIN UMSONST GESTORBEN...
ALLERDINGS! UND WIR WOLLEN DIE LISTE DOCH NICHT VERLÄNGERN!
HANDS UP, IHR BEIDEN! RUNTER VON DEN GÄULEN!
SON OF A BITCH!
38A
UND DANKE FÜR DIE INFORMATION, ALTER DUMMKOPF!
CRAC! OW!
HIER SIND DIE BEIDEN ANDEREN! WAS SOLL ICH MACHEN?
SCHLAGEN SIE SIE NIEDER! WIR HABEN KEINE ZEIT, SIE ZU KNEBELN! WIR MÜSSEN HIER WEG!
UND GLEICH DARAUF...
WAS?!! WIR SOLLEN DAS DEPOT SPRENGEN? NUR WIR BEIDE?
WENN SIE ES NICHT ALLEINE MACHEN WOLLEN, SEHE ICH KEINE ANDERE LÖSUNG! AUFSITZEN, GRAYSON!
SONST NOCH FRAGEN, SERGEANT...?
JA... EINE, LIEUTENANT...
38B

WO HABEN SIE DIESEN SCHNEIDENDEN SÜDSTAATEN-AKZENT GELERNT, MIT DEM SIE DIE REBELLEN ANSPRACHEN ?
ZU HAUSE, SERGEANT, ZU HAUSE AUF DER REDWOOD-PLANTAGE IN GEORGIA, WO ICH GEBOREN WURDE !
UND SIE ? WO KOMMEN SIE HER ?
NEU-MEXIKO, SIR !
EIN LAND VON PAPRIKA-FRESSERN ... DORT KRIEGEN MICH KEINE ZEHN PFERDE HIN !
ZEHN MINUTEN SPÄTER, VOR BAILEYS LAGERHÄUSERN, DIE NUR VON ZWEI MÄNNERN BEWACHT WERDEN, DA DER ORT ALS GEHEIM GILT ...
HUMPF... DANKE... ES IST VIELLEICHT NICHT GERADE UNGEFÄHRLICH HIER, ABER ES TUT GUT...
HE, DA KOMMEN REITER ... WAS WOLLEN DIE HIER ?
HALT! WER IST DA...?
SPEZIALAUFTRAG, JUNGS ! WIR SIND EURE VERSTÄRKUNG ! WIR HABEN EIN WENIG ÄRGER MIT EIN PAAR YANKEES, DIE IN DER STADT SIND ...
WIR HABEN DIE SCHÜSSE GEHÖRT, ABER WIR WUSSTEN NICHT...
BEFEHL VON GENERAL REMINGTON !
WER IST DAS ? VON DEM HAB ICH NOCH NIE GEHÖRT !
DAS HIER IST ER ! UND ER IST ES GEWOHNT, DASS MAN SEINEN BEFEHLEN GEHORCHT !
DAMN !

UND DAS HIER IST SEIN ADJUTANT ! HANDS UP, SUCKER !
DIE SCHLÜSSEL ! ÖFFNE DAS TOR !
NEIN, ICH...
WOLLTEST DU DAMIT SAGEN : „NUR ÜBER MEINE LEICHE" ?
NEIN... NEIN, VERGISS ES, YANKEE ! ICH MACH JA SCHON !
20 SEKUNDEN SPÄTER KOMMEN SICH BLUEBERRY UND GRAYSON IM SCHEIN EINER LAMPE VOR WIE IN ALI BABAS HÖHLE...
DONNERWETTER ! DAS HÄTTE ICH NICHT ERWARTET ! MAN KÖNNTE MEINEN, GENERAL LANDBETTER WOLLTE DEN GANZEN NORDEN EROBERN !
WAS WIRD AUS DEN BEIDEN HIER ?
ZIEHEN SIE IHNEN EINS ÜBER... ABER NICHT HIER ! ICH WILL NICHT, DASS SIE BEI DEM FEUERWERK ZU SCHADEN KOMMEN !...
ICH KÜMMERE MICH INZWISCHEN DARUM, DASS DIESES ZEUG HIER IN RAUCH AUFGEHT...
DYNA
AHHH !... GENAU DAS BRAUCHE ICH !
DOCH IM SELBEN MOMENT, NICHT WEIT ENTFERNT...
DIE SABOTEURE SCHEINEN SICH IN LUFT AUFGELÖST ZU HABEN ! BIS JETZT HABEN WIR ERST ZWEI VON IHNEN ERWISCHT !
HE... HÖREN SIE... IN DIESER GASSE !...
AUUA !ooo
GOD DAMNED !
HELFEN SIE MIR LIEBER, ANSTATT HIER HERUMZUFLUCHEN, MANN !

ALLES IN ORDNUNG, CAPTAIN...?
DAMN IT!... DAS DEPOT!... DAS DEPOT!
WENN ES IN ORDNUNG IST, DASS MIR EIN YANKEE AUF UNSEREM GEBIET EINE ÜBERBRÄT...
ABER... WOVON SPRECHEN SIE?
EGAL! HER MIT DER FLINTE! SIE FOLGEN MIR MIT IHRE KAMERADEN!
ÄH... ZU BEFEHL!
INZWISCHEN IN DEN LAGERHALLEN...
WIR MÜSSEN UNS BEEILEN, LIEUTENANT! ES WIRD GLEICH HELL!...
BIN GLEICH SOWEIT, GRAYSON! ICH MUSS NUR NOCH DIESE LADUNG MIT DER HAUPTZÜNDSCHNUR VERBINDEN!
JETZT KANN ES GLEICH LOSGEHEN!
ABER WOZU DER AUFWAND?... ICH HÄTTE EINE LATERNE REINGEWORFEN, UND DER LADEN WÄRE GENAUSO IN DIE LUFT GEFLOGEN!
WENN ICH ETWAS MACHE, MACHE ICH ES RICHTIG, SERGEANT!
EIN FEUER KÖNNTE AUSGEHEN... ODER NUR DIE HÄLFTE DER MUNITION ERWISCHEN!
MIT DEN LADUNGEN, DIE ICH PLAZIERT HABE, WERDEN WIR MIT DEM GANZEN TEUFELSZEUG AUFRÄUMEN!
UND NICHTS UND NIEMAND KANN ES VERHINDERN! LOS JETZT!
DOCH GERADE ALS BLUEBERRY DURCH DAS TOR STÜRMT...
DA! DORT HINTEN SIND SIE!
BLOOD'N'GUTS! REBELLEN!

BLAM
BLAM
ZU DEN PFERDEN, GRAYSON! ICH GEBE IHNEN DECKUNG!
VORSICHT! ZIEHT EUCH ZURÜCK!
STEIGEN SIE AUF, LIEUTENANT!... HIER KÖNNEN WIR NICHT BLEIBEN!
BLAM
BLAM
ICH KOMME, SERGEANT! ICH KOMME!
KPOW
UND JETZT NICHTS WIE WEG HIER! IN DREI MINUTEN FLIEGT HIER ALLES IN DIE LUFT!
YAAHAAA!
FEUER EINSTELLEN! ALLE MANN INS DEPOT, VIELLEICHT IST ES NOCH NICHT ZU SPÄT! LÖSCHT DIE VERFLUCHTEN ZÜNDSCHNÜRE!
DIE BEIDEN DA GEHÖREN MIR!!!

WIR HABEN ES GESCHAFFT, SERGEANT! HA! HA! NIEMAND FOLGT UNS!
AUFTRAG AUSGEFÜHRT! YAHOOO!
KPAW!
HE?!
LIEUTENANT!
KPAW KPAW
SCHNELL! SPRINGEN SIE AUF DAS ANDERE PFERD!
KPAW
DOCH ALS GRAYSON KEHRTMACHEN WILL, UM BLUEBERRY ZU HELFEN, ZWINGT IHN EIN HEFTIGER KUGELHAGEL ZUM RÜCKZUG...
NEIN, GRAYSON! FLIEHEN SIE OHNE MICH! FLIE...
OW!
IM SELBEN MOMENT IM BÜRO VON GENERAL MAC LAUGHLIN...
SABOTEURE, SPIONE UND MÖRDER! DAS IST ALLES, WAS IHR SEID!
ES WIRD NICHT LANGE DAUERN, DANN HABEN WIR AUCH EURE KOMPLIZEN!

KOMPLIZEN, DIE OFFENBAR AUF DER SUCHE NACH DEM MUNITIONSDEPOT SIND, DAS WIR ZUR VERSORGUNG UNSERER GROSSEN OFFENSIVE GEGEN DEN NORDEN ANGELEGT HABEN!
ABER SIE WERDEN NICHTS FINDEN... IHRE INFORMATIONEN SIND ÜBERHOLT... FOLGEN SIE MIR AUF DEN BALKON!
DAS DEPOT IST HIER IN KINGSTON! ES WURDE VOR DREI TAGEN UNTER GRÖSSTER GEHEIMHALTUNG IN DIESE LAGERHALLEN VERLEGT! NUR MEINE OFFIZIERE WISSEN DARÜBER BESCHEID!
45A
PLÖTZLICH...
OH!
JESUS! DAS IST NICHT MÖGLICH! WER... WER WAR DAS?!
GENAU WIE BLUEBERRY ES GEPLANT HAT, GEHEN DIE VON IHM GELEGTEN DYNAMITLADUNGEN EINE NACH DER ANDEREN HOCH! DIE GEWALTIGE EXPLOSION GREIFT SOFORT AUF DIE PULVERVORRÄTE ÜBER, ZERREISST WAFFEN, MUNITIONSKISTEN UND GANZE ARTILLERIEGESCHÜTZE. DIE SOLDATEN, DIE VERSUCHT HATTEN, DIE KATASTROPHE ZU VERHINDERN, HABEN KEINE CHANCE...
ER HIER, GENERAL!
BLUEBERRY... WIE HAT ER DAS GEMACHT?
?!
COLIN WILSON 89
SEIN KOMPLIZE KONNTE FLIEHEN, ABER UNSERE JUNGS SIND IHM AUF DEN FERSEN... ES IST NUR EINE FRAGE VON MINUTEN...
WER... WER SIND SIE? ANTWORTEN SIE!
45

DAS WERDEN WIR JA SEHEN ! JEDENFALLS WERDEN SIE NICHT ALLEINE HINGERICHTET WERDEN, SOVIEL IST SICHER !
LIEUTENANT MIKE BLUEBERRY ! ICH BIN FÜR ALLES ALLEINE VERANTWORTLICH, SIR !
DAS EINZIGE, WAS MÖRDER WIE SIE VERDIENEN, SIND ZWÖLF KUGELN IN IHREN KADAVER !
SO IST DER KRIEG, SIR, WIR...
THE HELL WITH YOU ! VIELLEICHT BIN ICH ALTMODISCH, ABER FÜR MICH BEDEUTET KRIEG KAMPF MANN GEGEN MANN ! MAN TEILTE MIR MIT, DASS MAJOR O'BRIANS ZUG AUF DER RÜCKKEHR VON RESECA IN IHRE FALLE GERIET... BEI DER GESCHWINDIGKEIT HATTE KEINER DER MÄNNER EINE CHANCE !... UND SIE SAGEN MIR EINFACH : „SO IST DER KRIEG" !?!
WIR WERDEN EIN EXEMPEL AN IHNEN STATUIEREN ! DER PROZESS GEGEN SIE WIRD SELBST NOCH IM NORDEN VON KANADA AUFSEHEN ERREGEN ! UND ES WIRD MIR EINE EHRE SEIN, DAS KOMMANDO ZU BEFEHLIGEN, DAS SIE ZUR HÖLLE SCHICKT !
BIS GENERAL LANDBETTER EINTRIFFT, WERDEN SIE IN DAS GEFÄNGNIS VON ROME ÜBERSTELLT ! BRINGT IHN WEG. ICH KANN IHN NICHT MEHR SEHEN !
EINIGE MINUTEN SPÄTER ...
SIE HATTEN GLÜCK... ES IST EIN GLATTER DURCHSCHUSS...
THANKS, DOC !
SIE HABEN SCHON ZUVIEL FÜR DIESEN MISTKERL GETAN ! LOS JETZT, DEINE KOMPLIZEN WARTEN !
GEH SCHON !
SAG MAL, IST ES WEIT BIS ROME ?
SCHON, ALSO SPAR DIR DEINEN ATEM !
WIESO ?... GEHEN WIR ZU FUSS ?
WAS HAST DU DENN GEDACHT, GROSSVÄTERCHEN ?... MIT DEM ZUG VIELLEICHT ?
BLUEBERRY HAT SEINE MISSION ERFÜLLT, DIE REBELLEN WERDEN IHRE ANGRIFFSPLÄNE NICHT DURCHFÜHREN KÖNNEN. WELCHES SCHICKSAL IHN, SAM UND DAVIS ERWARTET, SCHILDERT DER NÄCHSTE BAND.